DIVAGATIONS
POLITIQUES.

IMPRIMERIE DE JULES DIDOT AINÉ,
RUE DU PONT-DE-LODI, N° 6.

DIVAGATIONS
POLITIQUES
SUR
LES AFFAIRES DU TEMPS,

PAR

UN GRENADIER DE LA GARDE NATIONALE.

Liberté, Ordre public.

PRIX : 2 FRANCS AU PROFIT DES PAUVRES.

PARIS

CHEZ TÉTOT FRÈRES, LIBRAIRES,

RUE CROIX-DES-PETITS-CHAMPS, N° 35;

ET CHEZ TOUS LES MARCHANDS DE NOUVEAUTÉS.

NOVEMBRE 1830.

AVERTISSEMENT.

Soldat obscur et dévoué dans la plus noble milice, mieux disposé à bien faire qu'habile à bien dire, sans talent et sans mission que notre patriotisme, nous avons recueilli, et nous publions ici quelques unes de nos réflexions sur la politique. En même temps, nous protestons d'avance contre toutes insinuations malveillantes sur le dessein de cet ouvrage, toute application particulière de ses généralités, toute interprétation arbitraire et maligne de nos intentions. Sans haine et sans fiel, sans remords et sans honte, sans crainte, sans ambition, sans passion aveugle et basse, mais au contraire bienveillant par caractère, et dévoré de l'amour de la patrie et de la liberté, nous avons essayé de servir l'une et l'autre de notre plume, comme au besoin nous serions tout prêt à les défendre au péril de nos biens et de notre vie. C'a été notre vœu intime, notre unique pensée, l'objet exclusif de notre travail. Nous l'affirmons: et ce libre témoignage est celui d'un cœur sincère et toujours franc.

A MONSIEUR

LE GÉNÉRAL LAFAYETTE,

COMMANDANT-GÉNÉRAL

DES GARDES NATIONALES DE FRANCE.

GÉNÉRAL,

Permettez-moi de vous dédier cet ouvrage. Il n'a de mérite peut-être que l'intention, et le sentiment brûlant et pur qui l'a dicté, le sentiment de la liberté. Mais à ce titre, s'il est d'ailleurs peu digne de vous être offert, il obtiendra votre indulgence : c'est la mieux fondée de mes prétentions.

Heureux de témoigner au Citoyen des deux mondes, au constant défenseur des droits les plus saints, les plus précieux de l'humanité, ma vénération profonde, et mon entier dévouement!

Un grenadier de la garde nationale.

DIVAGATIONS
POLITIQUES.

On ne peut se le dissimuler : après l'heureuse crise qui vient de régénérer notre ordre politique, après la satisfaction remportée par nos courageux citoyens, il nous reste encore un vague et secret malaise, une indéfinissable inquiétude, indépendamment de l'agitation suite nécessaire et inévitable de toute grande commotion politique. Et cette inquiétude, cette confuse et pénible émotion, au lieu de s'apaiser, vont s'augmentant; ce qui afflige et déconcerte les meilleurs citoyens, et dénote certainement un vice capital dans la conduite des affaires. Mais quel est-il, ce vice, et où est-il? Quel courant inconnu nous entraîne? quel vent souffle à la tempête? Après la plus belle aurore, d'où vient ce jour terne et couvert? Comment notre horizon, si serein et si pur, s'est-il sucessivement et si fort rembruni? D'où sortent ces nuages qui peu à peu s'amoncellent, sinon bien menaçants encore, du moins fâcheux et inquiétants? Comment, de brillant et radieux qu'on le voyait au 31 juillet, au milieu des débris fumants du carnage, l'aspect de la France apparaît-il aujourd'hui si sombre? Pourquoi des cris de détresse remplacent-ils de toutes parts les chants d'alégresse, et les bruyantes acclamations de l'espérance? Pourquoi cette irritation dans les esprits, cette tristesse au fond des cœurs, cette fermentation inquiéte et sourde, au lieu de la joyeuse effervescence qui nous transportait? D'où naissent enfin ces alarmes croissantes, ce mécontentement universel? Et quand nous touchons au port, qui nous empêche d'y jeter l'ancre? Hélas! une influence [1] pernicieuse a surpris la France, et pèse également sur tous; et gouvernants et gouvernés sont en proie au même mal.

Cependant, hâtons-nous de le dire, afin de tempérer les joies cruelles et le criminel espoir de nos ennemis, le mal est resté à la surface; il est peu profond encore : empêchons qu'il ne le devienne.

Dans cet état de trouble et d'émoi qui succéda à l'élan révolutionnaire, on jugea mal notre position, tout-à-fait changée : on ne vit l'opinion du jour que dans l'opinion circonspecte et apparente de la veille; on confondit des nécessités avec des exigences; on s'étonna d'un événement qu'on n'avait ni prévu ni dirigé; on le comprit imparfaitement; on s'en effraya : et, dans les angoisses de la peur, on songea moins à compléter qu'à arrêter la révolution (comme si, leur but atteint, les révolutions ne s'arrêtaient pas d'elles-mêmes, et s'il était possible de les fixer auparavant), qu'à *terrasser l'hydre de l'anarchie,* aussi éloignée de fait que flagrante en droit. Sous trop de rapports essentiels, on trompa les espérances de cette soudaine et admirable révolution, qu'on eût voulu frapper de stérilité; on pâlit devant ses conséquences les plus naturelles; on invoqua à-la-fois, et dans le même moment, les principes les plus contradictoires; on prétendit accoupler la révolution avec la légalité; enfin, dans une perplexité extrême, au lieu de déterminations rationnelles, vives et décisives, on tâtonna, on ajourna, on transigea, on se

[1] L'influence de la peur, le pire des conseillers.

borna à des tempéraments, à d'inconséquents et timides palliatifs.

Cette méprise fut grave, et les conséquences s'en feront long-temps sentir; d'autant que, par tempérament ou par fatalité, le ministère a fidélement suivi ces malencontreux errements. Mais toujours les fautes appellent les fautes : ainsi, une fois engagé dans une fausse route, on s'y est tout-à-fait égaré; on a été de chute en chute, d'erreurs en erreurs, et de la position la plus belle, la plus heureuse, on est arrivé à l'état de confusion et de souffrance où nous voilà [1].

Bientôt une double crainte a assailli les esprits. Ceux-ci redoutent l'impatiente ardeur de quelques têtes jeunes et généreuses, et parfois imprudentes : ceux-là, et c'est le grand nombre, frémissent de la timidité et de l'irrésolution de ceux qui tiennent le timon des affaires, de la Chambre des Députés en particulier. Ils leur reprochent avec amertume et douleur, de n'avoir songé qu'à ralentir le mouve-

[1] La pire situation d'un peuple est peut-être celle d'une révolution avortée. Nous n'en sommes pas absolument là, à la vérité, malgré les efforts qu'on a faits, et qu'on fait tous les jours pour y arriver. Cependant il est sensible que la nôtre a été comprimée trop vite; et que son action, si vive et si aisée d'abord, gênée bientôt par de malheureux obstacles, et brusquement arrêtée, a plongé la France dans l'irritation du désappointement, et dans la souffrance de l'incertitude. C'est que, ainsi qu'on l'a dit souvent, les révolutions ne s'arrêtent que lorsque leur but est rempli : jusque-là elles travaillent et fermentent, et apprêtent une nouvelle explosion. Or, le but de la nôtre, son but véritable, tout le monde en convient, fut bien moins un changement de dynastie, qu'un changement complet de régime, impossible avec un roi *par la grace de Dieu*, et pour qui d'ailleurs la grande école de l'adversité avait été absolument nulle. Et ce changement, sous beaucoup trop de rapports, on est encore à l'attendre.

ment sublime qui, moralement parlant, devait survivre aux trois mémorables journées, en présider naturellement et vivifier les conséquences; d'avoir, en le préconisant de bouche, répudié de cœur le plus beau triomphe, en se montrant bien moins empressés d'en recueillir que d'en appauvrir et dissiper les fruits. Ils leur demandent, avec tristesse, avec un sentiment de regret profond, compte de l'esprit public, si vif, si véhément d'abord, et à-la-fois si réglé et si sage, si admirablement unanime et harmonieux, et aujourd'hui pâle et décoloré, flottant, flasque et languissant; pourquoi, au lieu de le soigner avec sollicitude, de l'étendre et le fortifier, comme ils le pouvaient aisément, ils ont usé si vite, et en pure perte, ce ressort tout-puissant en des mains habiles, ce moyen facile et sûr de gouvernement, et ce quand tout est à créer ou à réparer chez nous. Sans accuser le secret de leur pensée, ni suspecter leurs intentions, qui ne peuvent être que loyales, ils s'élévent contre leur incompréhensible prudence, et cette faiblesse de volonté incroyable, qu'en vain eux-mêmes décorent du beau nom de *modération;* car ce nom ici n'en impose qu'aux sots : il ne saurait dénaturer la chose ni faire impliquer deux vertus qui doivent aller de front: une modération constante et une inébranlable fermeté.

Cependant les esprits s'aigrissent et se divisent; ils s'inquiètent mutuellement, et forment déja des camps séparés. Derrière les uns et les autres se cache et rit l'ennemi commun, exaltant habilement les craintes chimériques des premiers, et le mécontentement de tous, et dans tous les rangs fomentant les défiances et la division. Par ce machiavélisme, non nouveau pour lui, puisqu'il s'en prévalait, comme d'un titre d'honneur et de faveur, auprès du gouvernement déchu, il espère, encore une fois, faire renaître ce qu'il appelle l'ordre, du désordre; ou, en désespoir de cause, entraver du moins la liberté, et reculer le développement des principes vivifiants qui la supportent. Car la liberté lui fut toujours odieuse : elle le blesse, comme le soleil d'un beau jour offense l'oiseau chagrin et malfaisant de la nuit.

Il est donc instant de corriger, autant que possible, les erreurs du passé, de les neutraliser du moins par d'efficaces moyens et une allure ferme et décidée; d'autant plus que de grands intérêts matériels compromis, une crise commerciale, de longue main préparée par le gouvernement de Charles X, et malheureusement survenue, demandent impérieusement une solution prompte et définitive de la question politique, la question vitale qui tourmente tous les esprits, qui arrête et suspend toutes les affaires.

Une révolution sans exemple encore dans l'histoire du monde, achevée en trois jours par une population armée de la loi, contre la force brutale et matérielle d'un gouvernement *extra*-légal; une révolution aussi merveilleuse exige à sa suite des mesures de sa taille, des mesures prudentes, mais larges, fortes, rationnelles, et complétes. La plus grande satisfaction possible doit être spontanément, et de suite, offerte à l'opinion; car c'est l'opinion seule qui a opéré la révolution, et elle a le droit d'être exigeante.

Si cette vérité n'eût été méconnue; si, de prime abord, on eût satisfait les plus légitimes exigences, le parti républicain, en admettant sa réalité, eût été complétement désarmé; tout espoir de dissensions et de trouble aurait été éteint chez les ennemis de l'ordre nouveau, que vous verriez, honteux, s'effacer aujourd'hui, comme ils se dérobèrent au jour du combat; la confiance et le calme seraient au milieu de nous. On a trop oublié qu'en révolution, la prudence c'est, avant tout, la résolution, c'est l'énergie à en poursuivre toutes les conséquences possibles, desirées et raisonnables; et que les moyens-termes, les demi-mesures, en fait et en droit, peuvent tout compromettre, parcequ'ils satisfont peu de personnes, et en mécontentent beaucoup. Ils sont alors plus qu'un contre-sens.

Que nos hommes d'état, constants et conséquents dans leurs principes, pleins de droiture et de franchise dans tous leurs actes, appliqués aux choses, et en garde contre les influences individuelles, s'élévent à la hauteur de leur mission; qu'ils soient grands autant que les circonstances: alors s'aplaniront devant eux les difficultés; alors ils seront puissants pour et contre tous. S'ils reconnaissent l'esprit essentiellement démocratique de leur siécle en France; s'ils en acceptent franchement les irrésistibles conséquences; s'ils sont bien pénétrés que de l'accord des institutions d'un peuple avec ses goûts, ses besoins et ses mœurs, dépendent absolument la stabilité du gouvernement et la paix publique; la France leur devra bientôt, à l'ombre d'un trône nouveau et puissant, la sécurité et le bonheur.

Sans doute, on a déja beaucoup fait, mais pas assez pourtant, parcequ'on pouvait faire plus. La France s'attendait notamment à deux grandes mesures, devant lesquelles on a imprudemment reculé : et ce mécompte a amené du mécontentement, et une forte irritation.

La première de ces mesures regarde les tribunaux, dont, bien mieux que des réparations judiciaires, elle aurait affermi la considération, grandement compromise. Les motifs qui l'ont fait combattre, tout-puissants dans les temps ordinaires, étaient à peine spécieux dans la circonstance. Toute révolution a ses nécessités, qu'il faut subir, et sous lesquelles se courbent les principes même les plus inflexibles : or ces nécessités, qui déja venaient de légitimer tant de choses, n'étaient pas ici moins impérieuses.

La seconde mesure, demandée par le journal *des Débats* lui-même, ne paraît pas seulement avoir été agitée : c'est l'abolition de toute noblesse, autre que la pairie. Il est très vrai : aux yeux du sage, une noblesse sans privilége n'est qu'un vain mot, un simple et quelquefois ridicule hochet ; mais raison de plus pour donner à l'opinion une satisfaction si peu coûteuse, et qui eût été grande. Cependant les titres, réservés uniquement à la pairie, en auraient été et plus brillants, et beaucoup plus imposants. Comment cette considération, seule, n'a-t-elle pas été péremptoire pour l'adoption de la mesure?...

Au sujet de la pairie, sa mutilation arbitraire, au lieu d'une nouvelle et générale institution, comme en 1814 et 1815, n'est pas sans beaucoup d'apparence de partialité et d'injustice : et cette mesure choquante a eu le double malheur de n'être ni rationnelle ni suffisante : elle a été, et rien de plus, une mesure d'exception.

N'aurait-il pas été rationnel encore, et d'une haute prévoyance, de soumettre, d'une façon quelconque, à la sanction explicite de la nation, une Charte nouvelle, que la Chambre n'avait pu improviser que par une usurpation de pouvoir flagrante [1], attendu que le renversement du

[1] Quand la Chambre des Députés marchandait mesquinement avec

gouvernement par lequel seul elle existait, l'avait nécessairement annihilée aussi? car on ne peut croire sérieuse la singulière théorie d'un mandat absolument général, et *extra*-constitutionnel : usurpation donc incontestable, et légitimée seulement par l'état des choses et la crainte de l'anarchie.

Qu'on ne s'abuse pas; qu'on n'en croie point des apparences mensongères et du moment : sous ces rapports, comme sous bien d'autres, en dépit de quelques adresses dictées par la peur, et par des considérations particulières; en dépit bientôt peut-être d'élections faites sous ces influences, et à l'aide de monstrueuses alliances : l'opinion intime et générale des départements n'est autre que celle

la liberté victorieuse; quand elle opposait avec tant d'ardeur l'ordre légal d'autrefois aux légitimes prétentions de la victoire, il est curieux qu'elle offrait elle-même l'illégalité la plus éclatante, dans le sens de son principe chéri que la révolution n'avait point, par elle-même, renversé l'ordre antérieur; ce qui signifie que révolution n'est pas révolution. Surprise effectivement en état de dissolution; sans existence légale, dès avant le mouvement révolutionnaire, le pouvoir qu'elle s'arrogea, pour régler dans des vues si étroites cette révolution prodigieuse, fut un pouvoir purement de fait, une usurpation dans la pleine acception du mot.

Aussi d'impitoyables logiciens, peu touchés des éloges modestes dont ses orateurs si souvent l'enivrent; non plus soucieux de troubler son grand contentement d'elle-même, et sa risible prétention à se proclamer l'auteur d'une révolution qui s'est faite sans elle, qui se fût terminée sans elle, et à laquelle quelques uns de ses membres seulement avaient pris une part active; d'impitoyables logiciens, disons-nous, sont partis du fait de cette usurpation patente, ou, si on le préfère, d'une extension de pouvoirs exorbitante, pour arguer la légitimité de son ouvrage, et reprocher à sa Charte réparée une tache originelle, dont au surplus la gravité est en raison de sa bonté ou de ses défauts; mais il était prudent et sage de prévenir le reproche.

de la capitale : seulement elle est là moins énergique, moins impatiente; et les raisons en sont faciles à saisir. Du reste, la pensée publique est à-peu-près par-tout la même; et quoi qu'avance certain journal, la division n'existe que dans ses vœux et ses astucieuses colonnes.

Mais laissons le passé : n'y songeons plus que pour en réparer, ou, tout au moins, en atténuer les erreurs. Les lois organiques peuvent être un facile et excellent correctif des fautes commises. Qu'on veuille en profiter. Qu'on renoue la chaîne des âges, sous tous les rapports, sympathiques; qu'on exécute, au sein de la paix, et dans un concert harmonique, ce que tentait au milieu des discordes, et sous les batteries étrangères, une protestation prophétique et célèbre; qu'au lieu de continuer avec labeur un fâcheux période, l'ère fortunée de 1830 devienne la suite et le complément de la grande ère de 1789. En attendant, jetons un coup d'œil rapide et très superficiel sur le présent.

Après le renouvellement intégral et consciencieux de l'ancienne administration, le remplacement, sans hésitation, sans faiblesse, par des hommes capables et dévoués [1],

[1] Ces hommes, recommandables par leurs lumières et leur dévouement, doivent encore être sans reproche grave et *notoire* dans leur vie privée. Il faut qu'ils rendent en considération à leurs emplois, l'importance dans le monde qu'ils leur devront; alors leurs fonctions, plus honorées, seront plus honorables et plus faciles (car voyez la position d'un magistrat, par exemple, chargé de poursuivre ou de réprimer un désordre dont le premier il donne l'exemple); alors l'administration, avilie et dans la boue sous le dernier régime, se trouvera réhabilitée; et, au lieu d'en rougir, on pourra se glorifier justement de la qualité de fonctionnaire public.

Mais que le gouvernement se gare de l'intrigue et des *camaraderies;* elles ont trop souvent surpris ses choix, dans toutes les parties. C'est

des hommes du dernier régime, des hommes avoués de la congrégation, dans les hauts emplois en tout genre, est l'une des plus impératives nécessités du moment, une condition inexorable de la révolution, si on veut tout de bon l'accomplir. Point de révolution sans froissement et exaltation de beaucoup d'existences : c'est un principe irréfragable, et qu'on ne violerait pas impunément ; autrement le mot et la chose impliqueraient. Et, de bonne foi, serait-il sage, ne serait-ce pas plutôt démence et folie complète, que de s'appuyer sur des fonctionnaires toujours disposés au sacrifice de leur conscience, s'ils en avaient eu jamais, toujours prêts à jurer jésuitiquement, et qui, seulement pour conserver leur emploi, se prêtent à un ordre de choses qu'ils maudissent dans le secret de leur cœur, et conspirent à renverser, parcequ'il les blesse sous mille rapports? Le scandale de ces hommes justement suspects, fauteurs ou protégés du jésuitisme, se perpétuant ou se glissant même encore dans des places éminentes, et après une révolution qui promettait de les tous faire rentrer dans la poudre, ce scandale est dégoûtant ; il accuse d'imprévoyance et d'apathie les hommes d'en haut : il n'inquiète pas seulement, il irrite et aigrit.

On s'abuserait grossièrement d'ailleurs, si de là on concluait des réactions inutiles et passionnées. Notre révolution, si noble dans son principe, si pure et si généreuse dans son action, restera telle dans ses effets. Mais on le répète : les créatures d'une camarilla hypocrite et insatiable nous ont assez sucés, elles sont assez gorgées ; assez long-temps elles ont pesé sur le pays : il est temps

un mal que le gouvernement dépravé de la Restauration ne devait pas léguer à son loyal successeur. La chose est extrêmement difficile sans doute; mais elle est encore plus importante.

qu'elles disparaissent de la scène politique. Oui, tous les postes élevés et influents, lucratifs ou non, il ne faut les confier qu'à des mains amies, et zélées et éprouvées : le bon sens l'indique, et la prudence l'exige ; c'est le *salus populi*, la loi suprême des révolutions. Quant aux emplois subalternes, quel que soit, d'origine, le droit des titulaires, la possession a purgé leur titre : et s'ils n'en ont point abusé, s'ils continuent à les remplir avec honneur et probité, s'ils ne se montrent point hostiles au gouvernement, si rien ne décèle en eux des répugnances à s'y rallier sincèrement : on ne peut exiger plus ; il serait également injuste et impolitique de les priver de leur état. L'injustice, même à titre de représaille, est toujours de l'injustice : elle ne saurait être excusée par une injustice antérieure ; elle ne répare rien, elle ne fut jamais bonne à rien : arme funeste de la vengeance et de la faiblesse, elle suscite, sans compensation, des mécontents par milliers, et tôt ou tard elle renverse le pouvoir insensé qui crut dominer par elle. Nous laissons à 1815 et au règne d'un Charles X, les catégories sanguinaires, les épurations sans fin, les vexations brutales, les iniques et gratuites destitutions.

Vient ensuite la réduction des traitements [1].

[1] Nous disons *réduction* et non pas *retenue*. C'est en effet par réduction qu'il convient de procéder aujourd'hui : c'est plus équitable, et c'est définitif. Outre qu'une idée de provisoire, qu'accompagne une impatiente et chagrinante espérance, est attachée à la retenue, elle frappe toujours plus rudement, malgré les différences de l'échelle, les petits traitements que les gros : c'est qu'elle ne porte ici que sur le superflu, et que là elle entame souvent le nécessaire. Ajoutez que certains traitements, ceux des préfets, par exemple, sont accompagnés d'accessoires très profitables, et de frais de bureaux considérables, que n'atteignent jamais les retenues ; au lieu que chez les fonctionnaires d'ordre inférieur le traitement entier est frappé, bien

Il est des places d'honneur et d'autorité qui, par elles-mêmes, seront toujours l'objet de l'ambition des hommes.

qu'une portion considérable en soit absorbée par les frais et les dépenses de l'emploi, sans compter une autre sorte de retenue assez onéreuse, doublée depuis quinze ans, et s'élevant aujourd'hui à cinq pour cent, pour des pensions de retraite généralement modiques, et dont ne profite que le plus petit nombre.

Laissons donc les retenues temporaires : réservons-les, comme toute autre contribution extraordinaire, pour les besoins extraordinaires, et auxquels on ne peut autrement satisfaire. Elles ne feraient ici que protéger contre la défaveur publique et les réclamations de la justice, les traitements inutiles ou exorbitants, tandis que là est la plaie, et que c'est là qu'il faut tailler et couper sans miséricorde. Elles ne seraient qu'une faible satisfaction, une nouvelle demi-mesure; et nous n'avons eu que cela depuis trois mois.

Où trouverons-nous des économies vraiment productives, des économies justes, abondantes, faciles, non nuisibles aux services publics? c'est 1° dans la révision sévère des pensions abusives et illégales, inscrites aujourd'hui, et dans une juste sobriété à en accorder à l'avenir;

2° Dans la suppression complète des sinécures;

3° Dans l'abolition réelle enfin du cumul de places lucratives, de pensions et faveurs diverses;

4° Dans une très forte réduction des traitements démesurés, qui ne sont pas toujours ceux des emplois les plus pénibles, les plus difficiles, les plus attachants, et les plus périlleux.

Voilà où une économie équitable et rigide doit porter ses ciseaux.

Quant aux traitements moyens, y en a-t-il d'exagérés? réduisez-les; réduisez-les tant que vous pourrez, tant que le permettra le bien du service. Ramenez-les, aussi bien que tous autres, dans la juste proportion du travail, de la capacité, de l'assujétissement, de la responsabilité enfin, exigés de l'employé. N'accordez, ici comme par-tout, que ce qu'il faut, que le strictement nécessaire pour la bonne tenue de la place; mais ensuite respectez ce nécessaire. Qu'il soit pour le titulaire, qui souvent n'a que ce moyen d'existence, une propriété sacrée autant que toute autre : c'est le fruit de sa peine, c'est bien souvent la récompense tardive, après une longue attente, d'une

Ainsi, en général, n'est pas maire qui veut : et certes on manquerait encore moins de sous-préfets, et bien moins encore de préfets, quand, avec leur logement, ils ne recevraient qu'un traitement du quart de celui d'aujourd'hui, avec des frais de bureaux suffisants, et dont les conseils d'arrondissement et ceux de département vérifieraient l'emploi. Qu'il en soit de même des autres fonctions, que des honneurs et des attributions élevées feront en tout temps ardemment rechercher.

Plus de directeurs ni d'inspecteurs généraux, qui, malgré la grande importance qu'ils cherchent à se donner, ne sont que d'une utilité fort secondaire [1]; plus de gouverneurs militaires, plus de colonels de gendarmerie, plus de payeurs généraux ou divisionnaires, plus de cu-

vie laborieuse, d'infirmités acquises au service de l'état. Quelle autre propriété est plus légitime? Respectez-la donc : ce sera justice, raison et prudence.

Au total, ou les fonctionnaires sont, ou ils ne sont pas excessivement rétribués : dans l'affirmative, réduisez convenablement leurs salaires; au cas contraire, il serait inique et ridicule de les mettre hors du droit commun, en les assujétissant à une taxe extraordinaire que rien ne motive, et que ne partageraient pas les autres citoyens.

[1] Les administrations financières, dans les départements, sont toutes trop abondamment pourvues d'employés supérieurs capables et instruits, pour que leurs diverses branches n'en soient pas suffisamment éclairées, et sévèrement surveillées, sans le concours d'inspecteurs qui, y étant étrangers, ne peuvent jamais les connaître à fond, et dont la surveillance serait, par suite, en défaut, s'ils rencontraient des employés improbes et adroits.

Quant aux receveurs des finances, sans doute il est bon que l'état de leur caisse et leur situation envers le Trésor soient constatés de temps à autre. Mais au lieu d'inspecteurs *ad hoc*, ambulants et dispendieux, dont on s'est passé si long-temps, ne pourrait-on pas commettre à cette vérification, des employés supérieurs des domaines ou des contribu-

mul, plus de sinécures, plus de ces énormes traitements qui dévorent le budget, plus de pensions abusives et de faveur. Qu'on remplace les receveurs généraux par des receveurs d'arrondissement; que le traitement net de ces employés ne puisse dépasser 10,000 francs, y compris les bénéfices de la banque, si l'on juge à propos d'en continuer l'autorisation. On n'en manquera pas non plus.

Il conviendrait d'augmenter le nombre des juges dans plusieurs tribunaux inférieurs, et peut-être un peu leur traitement.

Au contraire, il faudrait fortement réduire celui du haut clergé. Le logement, l'ameublement, avec 10,000 francs, sans plus, ne serait-ce pas un revenu fort raisonnable pour messieurs les évêques, ramenés d'ailleurs au nombre déterminé par le concordat de l'an 8?

Au reste, dans l'intérêt de la religion, comme pour le repos de l'état, que le prêtre, renfermé dans le sanctuaire, ne puisse occuper aucune autre fonction; que tout entier à son noble et saint ministère, il reste, *de droit* et de fait, absolument en dehors des affaires publiques.

Au lieu de fixer un cens aux électeurs, ne conviendrait-il pas d'adopter à leur égard une base fixe et invariable, une base plus équitable, vu l'inégalité de richesse des localités?

On proposerait donc ici, en attendant que les progrès

tions directes, ou trouver tout autre expédient facile, et non plus coûteux?

Ne serait-il pas possible encore de simplifier ce fatras d'écritures qui, si elles font le bonheur d'un petit nombre de bureaucrates, accablent par-tout d'un travail fastidieux le général des employés? On dit la simplicité compagne de la clarté et de l'ordre. De plus il y aurait économie de papier, et, ce qui vaut mieux, de beaucoup de temps.

de la société permettent une disposition plus libérale, de déterminer le nombre des électeurs au centième de la population, ce qui n'en donnerait guère que trois cent mille. Certes, pour un état comme la France, ce nombre n'aurait rien d'exagéré.

Ensuite un tiers des électeurs serait pris dans les plus imposés au rôle foncier; un tiers parmi les plus forts patentables qui ne pourraient figurer dans la liste précédente; et le tiers restant parmi les citoyens exerçant des professions libérales et indépendantes, et non portés sur les deux autres listes, tels que les médecins et chirurgiens, les avocats, avoués, notaires, les gens de lettres, les chefs de maisons d'éducation, les sculpteurs, les peintres, les architectes, les géomètres, etc. Feraient partie de cette classe, subsidiairement ou par adjonction et *surcroît*, en tant qu'ils n'appartiendraient pas non plus aux premières classes, les maires et adjoints des communes, les conseillers municipaux, ceux d'arrondissement et de département, les administrateurs des hospices, les officiers de la garde nationale, et, parmi ses sous-officiers, les adjudants et les sergents. En feraient également partie ceux des agents du gouvernement dont les emplois supposent de l'éducation, et plus ou moins d'instruction et de lumières. Ainsi seraient électeurs, en vertu de leurs fonctions, s'ils ne l'étaient autrement, les magistrats administratifs et judiciaires, les greffiers des divers tribunaux, les officiers de toute arme, les recteurs et inspecteurs des académies universitaires, les administrateurs et professeurs des colléges, les employés supérieurs des douanes, des droits réunis et des forêts, les entreposeurs des tabacs, les receveurs des finances, tous les préposés des postes, des contributions directes, de l'enregistrement et des domaines, les ingénieurs des mines, ceux des ponts et chaussées, etc.

Dans le cas où, nonobstant ces adjonctions, le dernier tiers ne serait pas rempli, la différence serait répartie, par égalité, sur les deux premiers.

Les ecclésiastiques, voués à un état tout de paix et de concorde, seraient éloignés de cette arène des passions et des intérêts politiques aux prises; et, à cette occasion, les fonctions sacerdotales seraient déclarées, en principe, absolument incompatibles avec toutes autres, sans exception. Aucun d'eux, s'ils comprennent la dignité de leur paisible et divin ministère, ne se plaindrait d'une exclusion qui n'a rien que d'honorable, et qui protégerait le respect, la considération et la bienveillance qui doivent les environner.

Il serait trop long de développer ici l'avantage de ce mode électoral, qui, ce nous semble, concilierait toutes les exigences raisonnables; rassurerait des craintes diverses, fondées ou non, et obtiendrait l'assentiment presque général : d'autres pourront le faire avec plus de talent et de succès.

Maintenant, pourquoi ne trouverait-on pas dans le corps électoral une suffisante garantie d'ordre et de sécurité publique? Point de cens donc imposé aux éligibles. Que quiconque aura la confiance des électeurs puisse être honoré de leurs suffrages. Il est palpable que chez des hommes généralement aisés et éclairés, et tous très intéressés au bon ordre et à la tranquillité publique, le choix d'un député disgracié de la fortune, et sans garantie matérielle de sa conduite politique, sera infiniment rare, et tout-à-fait accidentel. Donc cette faculté n'aurait que des avantages, et pas un danger.

Alors le plus grand nombre des Français ne seraient pas

frappés d'une sorte d'ilotisme, tous pouvant légalement prétendre à l'honneur le plus flatteur, celui de la députation.

Alors serait abolie la prime que la Charte *octroyée* accordait à la fortune, prime profondément immorale, si la cupidité est un vice, et si la passion de s'enrichir doit être plutôt modérée que stimulée.

Alors qu'un Aristide, un Épaminondas, un Phocion, se rencontrent parmi nous, la loi ne les repousserait plus de la tribune nationale; et un général Drouot, un amiral Duperré, pourraient s'asseoir sur les bancs de nos Députés.

Il est vrai que, dans notre hypothèse, une indemnité pécuniaire aux Députés est indispensable, ou ce ne serait qu'un leurre, une amère dérision. Mais cela devrait être dans tous les cas : la raison et la justice le réclament également. Ce fut une délicatesse étroite et déplacée, sinon un calcul de la Chambre de 1814, qui fit prévaloir une décision contraire. Cette décision d'ailleurs fut enfreinte aussitôt que promulguée, en faveur des Députés fonctionnaires. On le demande en effet : la conservation d'un traitement pour des fonctions qu'on ne remplit point, n'est-ce pas pour ces Députés une véritable et souvent exorbitante indemnité, en même temps qu'elle accuse, et sans réplique, l'utilité ou la souffrance de l'emploi abandonné? Ce privilége donc, non seulement implique avec la décision, mais il est lui-même une irritante injustice.

Les considérations qu'on oppose à cette mesure sont si peu concluantes, qu'il n'en est pas une qui ne se rétorque contre ceux qui les emploient. Une seule a du poids : c'est la dépense. Mais cette dépense utile et sage, même avec une forte et desirable augmentation du chiffre des Députés, serait peu considérable : car il ne s'agit point d'un traitement, mais d'une simple et stricte indemnité, comme celle de l'Assemblée constituante, d'une indemnité suffisant tout juste à couvrir les déboursés matériels, et plutôt au-dessous qu'au-dessus.

Cette dépense serait plus que couverte par l'allocation attribuée à l'autre Chambre, et qui va apparemment cesser. En effet, n'est-ce pas un grossier contre-sens, une étrange anomalie de principes, qu'un corps aristocratique salarié par le peuple? On a fait sonner la représentation prétendue nécessaire aux Pairs, comme aux préfets, aux évêques, à tous les fonctionnaires. Mais, frivole prétexte des cours corrompues, des hommes avides et prodigues, pour justifier leur luxe et leurs excès, et dont la raison se rit ou s'indigne! La vraie dignité, que ne donna, que ne donnera jamais la représentation la plus somptueuse et la plus magnifique, les Pairs la puiseront dans leur titre même, quand ils ne le devront point au hasard de la naissance[1], et plus sûrement encore dans leur patriotisme,

[1] Il est inutile d'établir qu'une dignité qu'on ne doit qu'à son mérite, et à d'éclatants services, doit rapporter une considération bien autrement réelle, que si l'on ne tient cette dignité que d'un hasard aveugle ou de la fatalité de la naissance.

Cette raison seule (et c'est la moindre de celles que présente le sujet), cette raison seule suffirait pour nous faire conclure contre l'hérédité de la pairie. Les motifs qu'on allègue en faveur de l'hérédité, tous puisés dans un ordre de choses qui ne peut revivre, dans des intentions d'avenir impossibles à réaliser, et dans l'exemple de la vieille Angleterre, ils ne sauraient ni nous persuader, ni nous convaincre, parceque nos institutions doivent être *françaises* d'abord, et puis pour nous et pour nos neveux, plutôt que pour nos ancêtres.

Si nous étions aussi plaisant que nous sommes naturellement sé-

dans une haute capacité, un caractère indépendant, une probité politique éprouvée. L'ostentation impose peu dans un siécle éclairé, et son prestige y est nul : on ne voit toujours que des hommes dans des hommes. Elle est bonne, tout au plus, à décorer, et souvent à faire ressortir la nullité des fonctionnaires. Mais la considération qu'elle attire est postiche et d'emprunt, et fragile comme la fortune. Par cette raison, supprimons encore, ou réduisons fortement les 100,000 francs accordés au président de la Chambre des Députés : celui de nos premières assemblées ne touchait rien, et il n'en présidait pas moins bien.

Pour revenir aux éligibles, les raisons à l'appui du cens sont futiles. On ne s'arrêtera ici que sur le danger de la corruption chez des Députés pauvres ; sur cette supposition, gratuite au moins, qu'ils seraient les plus accessibles à la séduction, les plus cupides et les plus vénaux. Cette objection est vaine, autant qu'injuste et peu noble. On maintient en fait, sans crainte d'être démenti par l'expérience, que l'absence du cens, avec la loi que nous proposons, n'amènerait pas cinq Députés sur cent, qui n'appartinssent à la classe aisée de la société. Le désintéressement et la loyauté sont d'ailleurs de tous les états ; et, à tout prendre, ces vertus sont peut-être plus difficiles dans les

rieux, en parodiant les saillies de certains députés, qui savent être facétieux sans perdre, nous voulons le croire, de leur dignité, les avocats de la pairie *héréditaire* entendus, nous demanderions aussitôt, et par des motifs analogues, l'hérédité de toutes les dignités, de toutes les fonctions, de tous les emplois publics, voire encore peut-être l'immoralité de ceux qui les occupent; et ici du moins cette épigramme empruntée serait une réfutation solide autant que piquante. Mais notre caractère nous éloigne de la plaisanterie en matière si grave; et nous sommes d'ailleurs trop mal pourvu d'esprit, pour nous servir d'un moyen qui en exige infiniment.

positions les plus élevées. Que les électeurs aient intérêt à la paix publique, et qu'ils soient éclairés : et puis ne les gênez point dans leur choix, soyez sûrs que s'ils le portent par hasard sur un homme sans fortune, c'est qu'ils auront trouvé en lui des assurances de probité autrement solides que celles de la richesse. On sait le désintéressement des nobles Chambres de 1815 et de 1824, et l'on n'a point oublié l'aveu naïf de Charles X, qu'il payait plusieurs membres de celle de 1829.

Quel que soit le sort des réflexions qui précèdent et qui suivront, plus vraies assurément que neuves et piquantes, triviales, au contraire, et rebattues, mais, par cette raison, plus infailliblement justes et sensées ; quoi qu'on pense de cet ouvrage, produit indigeste et brut de nos observations superficielles, de nos méditations solitaires, et expression sincère d'une conviction vive et profonde, parcequ'elle est à-la-fois instinctive et raisonnée ; comme nous n'y plaçons nul amour-propre, qu'on nous écoute ou non, toujours nos vœux s'éléveront pour le nouveau gouvernement, si la patrie lui doit le bonheur, vœux tout patriotiques, et purs et ardents, comme le sentiment qui nous anime. Implanté dans le pays et par le pays, qu'il y enfonce de profondes racines ! qu'il croisse en force et en puissance ! qu'au flambeau de la liberté, il marche avec la France de prospérités en prospérités ! Une gloire impérissable, universelle l'attend, s'il remplit sa destinée ; s'il veut être le moteur et le premier modèle de la monarchie populaire, qui, tôt ou tard, prévaudra dans le monde, et s'y établira rivale, et rivale heureuse de la république. Qu'il entre donc avec sincérité et assurance dans la carrière constitutionnelle ; que, loin de le traverser comme jadis, il aide et facilite le déploiement de nos institutions, *qui doivent être une vérité;* qu'il leur donne le mouvement et la vie; qu'il se hâte de mettre nos lois en harmonie avec nos mœurs, condition indispensable pour rendre leur exécution facile, et respectable leur application; qu'il protége la liberté, féconde en vertus, en sentiments nobles et généreux; la liberté! qui fut sa mère et sa nourrice, et qui sera toujours son plus solide appui; qu'il aille constamment, et de bonne grace, au-devant des vœux légitimes de la nation; qu'il régle et gouverne l'opinion, qu'il la prévienne et la devance. Le jour où il s'en laisserait déborder, et arracher ce qu'il doit offrir, il serait déja faible, et bientôt impuissant: au lieu qu'en marchant avec elle, à sa tête, elle lui communiquera sa force, et cette force fait des prodiges. Qu'il comprenne bien sa position; qu'il apprécie avec tact et discernement le véritable esprit public, et y prenne toute confiance. La défiance, quand elle n'irrite pas, intimide et avilit: elle dessèche, dans les peuples, comme chez les individus, jusqu'au germe de la vertu, que féconde au contraire, et fait éclore une généreuse confiance.

Loin donc cette faiblesse dans un gouvernement éclairé, heureux et fier de commander à des hommes, au lieu que le dernier ne voulait que des esclaves! D'ailleurs de quoi s'effraierait-il, lui, l'enfant et l'expression de la révolution? De quelques théories plus philanthropiques, nous le croyons, que praticables, et toujours fort innocentes? mais cette crainte serait niaise et puérile. D'assemblées populaires? mais elles n'ont montré que de l'ardeur et de l'impatience. Leur seul danger réel a été un effroi irréfléchi, produit par de tristes souvenirs, ou, en secret, excité par un parti dont tout l'espoir est dans le trouble et la discorde, en même temps qu'il a d'excellentes raisons d'en vouloir aux principaux membres de ces assemblées. Dans tous les cas, l'instruction de leur affaire a fait justice des préventions à cet égard : à sa lumière s'est dissipé l'effrayant et hideux fantôme évoqué par l'astuce et grandi par la timidité, et l'on n'a trouvé à sa place guère plus que du ridicule. En effet l'accusation a dû se retrancher dans la violation d'un article de loi que le pouvoir lui-même a déclaré vicieux. Au surplus, on n'entend se porter ici ni le champion, ni l'antagoniste des clubs : on n'en est aucunement partisan. Seulement on estime qu'il leur a été imputé à tort un fait qui leur est antérieur, et dont ils ne furent que le produit [1]. Ce fait est le malaise du corps social. Un reproche serait plus fondé, qu'on ne leur adresse pas : c'est d'avoir, contrairement à leur but, par la panique qu'ils ont soulevée, desservi la liberté. Nous craignons en effet que leur apparition inopportune ne lui ait fait du mal, beaucoup de mal. Quant aux émeutes, nous en conviendrons, quel qu'en soit le prétexte, on peut les excuser souvent ; mais les justifier, jamais. Elles sont un désordre plus fatal à la chose publique, que les abus qui les provoquent. Cependant encore, un pouvoir prévoyant et ferme s'en alarme peu ; il sait ou les prévenir, ou les réprimer. Indice ordinairement assuré d'un besoin public et pressant, ou d'un vice quelconque dans le rouage de l'administration, elles sont, pour l'homme d'état habile, un utile avertissement ; il cherche alors le mal dans son principe ; il porte sa cognée sagace moins dans les branches que dans la racine. Bientôt le mal est frappé au cœur, et l'effet tombe avec la cause.

Qu'on le sache bien, la France (et ici nous entendons

[1] Voyez la note à la fin de cet ouvrage, page 66.

cette France jeune, active, ardente, riche de force et de santé, avide et pleine d'avenir, éclairée, et pure des erreurs et des souillures de quarante années), la France, dont on affecte de se méfier, qu'on feint de méconnaître, dont on calomnie et empoisonne les intentions les plus généreuses [1], elle a soif de l'ordre non moins que d'égalité et de liberté.

[1] Ambitieux, brouillon, cupide, présomptueux, turbulent, utopiste, factieux, jacobin, révolutionnaire, etc. : telles sont les épithètes, spirituelles et polies, et vraies avant tout, que vomissent certaines gens contre leurs adversaires politiques. L'injure chez eux arrive toujours à propos pour suppléer à la raison. Ainsi, anathème, trois fois anathème, au cœur crédule et simple qui croit à la candeur d'autrui; qui prend au sérieux des déclarations de principes libérales, et de solennelles assurances! Il est déshérité du royaume des cieux celui qui, bonnement, ayant foi en notre révolution nouvelle et sans tache, et croyant le moment opportun ou jamais, s'avise de réclamer tout haut, en faveur de la liberté, de la justice, de l'humanité, l'exécution tardive des promesses de nos deux révolutions, de crainte d'une troisième, et d'insister pour l'application prudente, tant qu'on voudra, mais réelle enfin, et progressive, de ces principes éternels que la conscience recèle, et qui n'y ont pas été placés que pour y dormir, et y rester inertes et stériles. C'est un esprit spéculatif que cet homme-là, un dangereux métaphysicien; c'est un démagogue et un révolutionnaire.

Mais vous, ô hommes prudents et sages, si admirablement constants et immobiles dans votre inconstance, dans la souple mobilité de vos opinions, de vos affections politiques; vous, tour-à-tour patriotes en 89, sans-culottes sous la république, adulateurs de l'Empire, valets de la Restauration : vous, complaisants nés de tous les régimes, de quel droit interprétez-vous si sévèrement les vœux des hommes de 1830? A quel titre incriminez-vous et salissez-vous leurs intentions? Quels sont leurs précédents, et quels ont été les vôtres? Ne pouvez-vous leur prêter que des sentiments qui vous soient propres? Misérables! en outrageant une génération vierge, et jusqu'à présent innocente de tous excès, en lui jetant vos turpitudes passées, songez que vous en réveillez le souvenir, que vous en faites ressortir l'ignominie.

Liberté, ordre public, sont effectivement chez nous deux choses corrélatives, inséparables, qu'on s'était figurées trop long-temps opposées. En les réunissant avec un sens exquis, dans la devise de la garde nationale, on n'a pas moins énoncé une vérité de fait, qu'indiqué un devoir. Oui, nous l'affirmons, les cœurs les plus brûlants, les ames les plus fières, les plus passionnées, les esprits les plus exaltés, seraient les premiers remparts contre le désordre : ils l'ont déja assez prouvé. C'est qu'ils savent, ils sentent que l'absence de l'ordre engendre toutes les tyrannies; qu'elle est elle-même la plus dure des oppressions.

Que les hommes à prévention, que peut-être le remords bourrèle, et la honte inquiète, ou que préoccupent des souvenirs qui, grace à Dieu, ne sauraient plus être que de l'histoire, à moins de fautes bien lourdes, d'aberrations prolongées et continues des dépositaires du pouvoir, ou des représentants du pays; qu'ils restent aussi bien convaincus que l'ordre ne peut aujourd'hui subsister en France[1] qu'avec la liberté, et beaucoup de liberté. Mais

[1] Cela n'est pas vrai de la France seulement.

Dans tout état où une civilisation avancée aura produit la diffusion des lumières, et éveillé cet instinct de liberté et d'égalité déposé, non sans dessein sans doute, par le Créateur, dans le sein de l'homme, le despotisme sera incompatible avec l'ordre public. La liberté seule, dans la mesure appropriée au besoin du peuple, pourra entretenir ce bon ordre, condition première de la société; parceque, chez les peuples vraiment civilisés, de même que *despotisme* et *désordre* sont synonymes, de même *ordre* et *liberté* ne sont qu'une seule et même chose. La liberté et le désordre y sont comme deux principes contraires, et destructifs l'un de l'autre.

Ainsi ce n'est point de la liberté, comme on le répète depuis des siècles, que sortent les troubles publics : bien au contraire, la garantie la plus assurée contre la licence, c'est la liberté fortement et conve-

cette conviction, ils ne peuvent y échapper : elle est trop vive, trop générale. Quoi qu'ils en aient, elle est près de les saisir : déja ils la couvent au fond de leur cœur ; elle y régne à leur insu, confuse et troublée par des préjugés, par des intérêts, ou par des craintes artificielles adroitement exploitées, et non moins dangereuses à l'ordre que mortelles pour la liberté, puisque la liberté c'est l'ordre, et ce n'est plus un paradoxe.

L'opinion générale en France est éminemment démocratique : c'est un fait contre lequel on se roidirait en vain. Bon ou mauvais (et on le croit bon, car il est naturel, et un effet constant des progrès de l'esprit humain), bon ou mauvais, disons-nous, ce fait existe, il vit dans presque tous les esprits : il faut absolument le subir. Subissons-le donc de bonne grace : il est ridicule et dangereux de regimber contre l'inflexible nécessité. Du reste, pour un pouvoir éclairé et de son siécle, il ne saurait être effrayant ; il n'a en soi rien de plus redoutable à une autorité paternelle, que le fait opposé ; bien au contraire.

Une monarchie est démocratique, ou aristocratique,

nablement constituée. Lisez l'histoire, et réfléchissez ; regardez autour de vous, et réfléchissez. Par-tout vous trouvez la liberté innocente et pure, et souvent victime ; par-tout vous reconnaissez que la perturbation générale ou partielle d'un état libre, ne provient que de la faiblesse ou de l'incapacité des hommes du gouvernement, ou d'un vice secret dans les lois constitutives, qu'on ne sait point pénétrer, ou qu'on ne veut pas corriger.

Laissez donc d'éternelles et menteuses déclamations ; et avouez que la liberté ne doit équitablement point répondre des excès commis à son occasion, en son nom, et en son absence ; car elle est absente sous toutes les tyrannies, si ce n'est de droit, de fait bien certainement. Il en est ici comme pour la religion, la science, toutes les vérités, tous les biens possibles.

ou absolue, selon les lieux et les époques, selon le degré de civilisation et d'instruction des peuples; c'est-à-dire que l'un ou l'autre de ces principes y domine plus ou moins. La première, et la seule qui convienne à la France, peut marcher et durer tout aussi bien que les deux autres, que le temps a rongées, et qu'il bat par-tout en brèche. Elle a de plus que celles-ci l'avantage de suivre le siècle, et de se modifier progressivement, et sans secousses, d'après les nouveaux besoins qu'amène incessamment le progrès des lumières et de la civilisation.

Cependant (qu'on le sache bien encore) les plus chauds démocrates, les amis les plus exigeants de la liberté, et de l'égalité *légale*, son inséparable compagne, ne veulent pas moins que tous autres que le pouvoir soit fort, qu'il soit puissant et respecté. Il le faut, pour qu'il soit tutélaire, et vraiment protecteur. Mais, afin que sa force soit réelle, et non factice, permanente, et non précaire et fragile, appuyez-la sur un fondement inébranlable, et de tous les temps, sur la conscience publique. Que son organisation soit neuve comme son origine: qu'il repose, non point sur un échafaudage vermoulu, et croulant de toutes parts, mais sur un fondement nouveau, et que le temps et la civilisation avançante cimenteront de plus en plus. Qu'il ne songe point à s'enter sur une souche bâtarde et pourrie, sur une aristocratie décrépite, qu'à peine un faible souffle anime, et qui ne se sustente plus chez nous que de préjugés sans foi, et des souvenirs impuissants d'un passé sans retour: au contraire, qu'il porte de tout son poids, qu'il base tout entier sur une démocratie jeune et robuste, pleine de sève et d'espérance, qui lui communiquera sa vigueur, sa puissance et sa vie. Certes les prérogatives ne manquaient pas au prince, sous la dernière

Charte : mais que font des prérogatives que repousse et paralyse l'opinion, sinon mettre à nu la faiblesse réelle du pouvoir qui les posséde, et le rendre plus faible encore? Ces grandes prérogatives, dont on se montrait si petitement jaloux, bien que défendues par la force militaire, et par des étrangers mercenaires et dévoués, on voit où elles ont conduit une dynastie qui régnerait encore, si, plus restreinte dans son autorité, elle n'avait pu vouloir gouverner que par et avec les lois : des lois généreuses, s'entend, et conformes à l'esprit du temps.

Amis trop faibles et timorés, qui, avec tant de gloire, combattîtes dans nos rangs, dont les nobles efforts ont tant contribué à la victoire, cessez donc de craindre vos amis, vos frères; car, vous le voyez, nous voulons ce que vous voulez, comme, au fond, vous desirez ce que nous desirons. Vos principes sont les nôtres : pourquoi en redouter, en ajourner les conséquences, que vous-mêmes proclamiez urgentes? Comment la victoire la plus belle et la plus pure, qui promettait tant d'heureux et prochains résultats, vous a-t-elle subitement refroidis et intimidés? Déja vous vous éloignez de nous; déja vous vous rapprochez de nos éternels ennemis, ces ennemis qui vous combattaient hier, et qui vous combattraient demain; vous vous félicitez de leur appui, vous y comptez sérieusement, et peut-être qu'en ce moment vos suffrages connivent avec leurs suffrages. Ainsi la peur nous égare! ainsi, jointe à une défiance injuste, votre fausse et inconstante prudence renie vos amis, et vous asservit de nouveau à une faction vaincue, et par cela même plus implacable, qui, par d'hypocrites déclamations, une fantasmagorie usée, et au nom du bon ordre, qu'elle déclare incompatible avec la liberté, appelle sur notre beau pays les dissensions et les orages ! Ah ! refusez son concours perfide, repoussez d'artificieux auxiliaires : *Timete Danaos....*

Et nous, nous saurons nous garantir des agents provocateurs. Stipendiés de cette exécrable faction, qu'ils hurlent en grimaçant, qu'ils profanent de leur bouche impure le nom magique et sacré, le nom si doux de liberté : jamais, jamais nous ne les suivrons ; jamais ils ne nous guideront à la licence. Cette lâche et misérable faction, qui conspira toujours, et ne combattit jamais qu'à l'ombre, et sous l'égide des baïonnettes étrangères, elle espère en vain nous séduire, et, par sa fourbe, et de nos bras désunis, relever dans le sang un trône maudit, que le sang a renversé : ses trames sont connues aujourd'hui. Tous, nous savons que, dès long-temps familière avec les plus infernales machinations, elle apprit à revêtir tous les masques, à employer tous les langages. Restons donc unis et amis ; et, pour punir ses perfidies, protégeons-la de nos mépris. Ainsi s'affermira et grandira la liberté, sans nouvelles secousses ; ainsi seront à jamais confondus des vœux impies, et de parricides projets.

Cependant expliquons-nous, et tâchons de nous bien entendre. Avant tout, dépouillons l'aveugle égoïsme, l'amour-propre, non moins aveugle, et toutes considérations particulières. Ne songeons qu'au bien général : le nôtre s'y trouve compris. Causons franchement, et sans aigreur.

Vous vous effrayez de la république. Sans partager votre effroi sur une chose impossible à nos yeux, parcequ'elle est sans point d'appui solide dans l'opinion, si toutefois on est prompt à la satisfaire sur les points essentiels, nous n'en voulons pas davantage. Nous savons très bien que la république pure n'est point un régime convenable à notre grande et belle France. Et puis, quelle liberté desirable n'est pas compatible avec notre forme de gouvernement? Quelles économies, quel soulagement du peuple, quelle protection des sciences, du commerce et des arts, quel essor de l'industrie, quelle source de prospérité intérieure, d'honneurs et d'avantages à l'extérieur, quel bienfait, en un mot, ne comporte-t-il point par essence, et abstraction faite de l'accident d'un roi-citoyen, sans faste et sans cour, économe par goût et par habitude, juste, sincère, et libéral autant que pas un Français? Il s'agit seulement de ne le point fausser; il s'agit, par une marche active et franche, de le mettre enfin en jeu, de lui faire produire tous ses effets. C'est le vœu de l'opinion, le conseil de la sagesse; c'est tout ce que nous demandons. La république ne pourrait surgir que du contraire.

Craignez, répétez-vous sans cesse, de compromettre, par trop d'exigence ou de précipitation, les grandes libertés que nous avons obtenues, et qui dépassent de si loin nos espérances de naguère: en courant vers le mieux, souvent on laisse s'échapper le bien. La liberté ne peut plus périr que par ses excès : allons doux et sûrement.

Ainsi vous recommencez les fautes de la Restauration; vous en reprenez les doctrines, vous empruntez son langage, vous en renouvelez les raisonnements. Un grand mouvement, un mouvement rapide, universel, entraîne le monde. Force est d'aller, et d'aller vite, de le gagner ou l'égaler de vitesse, si l'on ne veut qu'il nous emporte. Et néanmoins vous replacez notre sécurité dans cette éternelle temporisation, peu différente de l'immobilité, et que vous avez si long-temps accusée; dans un *statu quo* aussi périlleux qu'absolument impossible! Une progression insensible, ou par soubresauts, le plus souvent rétrograde, qui vient de ruiner un trône et d'ébranler la société, vous n'hésitez pas à la préférer à une marche ferme, constante, égale, assurée, vers les améliorations qui sont la fin où doit tendre l'homme social! Vous nous vantez votre expérience; vous vous publiez les plus sages : et vous nous rengagez dans la voie qui a abouti à la crise de juillet! Eh quoi! par la raison que nous avons conquis ce qu'on ne nous aurait jamais concédé, il faut que nous soyons contents, et plus que contents! Nous devons, du reste, renoncer au profit d'une victoire qui nous a coûté tant de sang, et du plus précieux. Nous sommes victorieux; nous avons été généreux, magnanimes, même sous des guenilles: donc il faut que nous soyons dupes; donc nous ne méritons guère plus de liberté qu'avant une lutte chanceuse, et notre complète victoire! Mais ce raisonnement, s'il n'était une impertinence, serait ridicule et tout-à-fait extravagant. Vous avez trop d'esprit sans doute pour le présenter ainsi en termes exprès, et sous une forme aussi crue : mais convenez qu'il est la conséquence implicite de vos discours les plus fardés, et qu'on le peut retrouver au fond de beaucoup trop de vos actes. De simples déclarations, des promesses, force promesses, quelques concessions rares, étroites, et populaires le moins possible, relevées de phrases sonores et de fort beaux discours, n'est-ce pas, à peu de chose près, votre système de gouvernement, celui que vous nous prêchez tous les jours?

Reste à savoir si ce régime n'est pas un peu maigre pour un peuple ardent et fier, affamé de liberté, et dans l'ivresse de la victoire? si, fatal à un roi restauré, il conviendrait mieux sous un prince qui ne tient sa couronne que du choix libre et volontaire de la nation? s'il fut le but réel, et s'il doit être tout le fruit de la plus glorieuse des révolutions? enfin s'il serait l'accomplissement des engagements jurés ou tacites qui la suivirent? Qu'il ait des partisans, on le voit de reste, à l'humeur avec laquelle sont constamment accueillies, ou atténuées, ou écartées, par la Chambre des Députés, toutes les propositions libérales; à l'intérêt, mal dissimulé, dont elle protége des abus devenus sacrés à ses yeux, parcequ'ils sont anciens, ou simplement parcequ'ils existent; à son invincible répugnance pour toute réforme tant soit peu radicale, pour les économies les plus fructueuses, mais portant sur en haut. En vain des voix sévères et éloquentes s'y font alors entendre: elles parlent dans le désert; des déclamations, ou des murmures et des clameurs, sont les réponses faciles habituellement faites à nos mandataires restés populaires, parcequ'ils restèrent toujours conséquents, et qu'ils ne se sont pas montrés seulement les plus généreux, mais aussi, à notre avis du moins, les plus prudents et les plus sages. Chaque jour nous semble le confirmer.

Mais ce régime d'abstinence et de patience, qu'on nous réchauffe aujourd'hui, ce régime, moins de concessions (nous allions dire d'aumônes) que de fraudes ignobles, et de corruption cynique, sous le régne qui vient de finir, il en avait aussi des zélateurs, il en avait en grand nombre, et puissants de conviction, de savoir, de talents et de vertus. Et pourtant, jusqu'à un certain point, il pouvait convenir alors, commandé qu'il était, par une foule de considérations inhérentes à la famille tombée, et qu'elle a toutes emportées avec elle. Au contraire, sous les conditions toutes nouvelles où nous a placés la révolution des trois jours, il est devenu une antipathie nationale, et d'un danger imminent.

A notre tour, permettez-nous de vous dire que si notre ferveur a ses dangers, votre lenteur est bien autrement périlleuse. En marchant trop vite, on peut choir sans doute; mais dans l'excès contraire, on arrive trop tard, ou l'on meurt en chemin. La liberté, si elle pouvait mourir, est plus sûre de succomber à la langueur, que par une exubérance de vie. Et dans la première, non moins que dans la seconde hypothèse, son successeur ne saurait être qu'un épouvantable désordre. Plus d'une route en effet méne à l'anarchie, votre épouvantail, que nous redouterions plus que vous-mêmes, si c'était possible; mais que nous n'apercevons pas comme vous à chacun des pas de la liberté, tout au contraire : souvent on y arrive à reculons. L'expérience a démontré qu'en politique comme en physique (car tout est lié dans la nature: elle régit avec des lois générales et le monde matériel et le monde intellectuel), la résistance au cours naturel et nécessaire des choses, est suivie d'accidents plus graves que l'excès de vitesse qu'on croyait arrêter, et qui se serait calmé de lui-même. Ainsi une boule, lancée avec force, dont les bonds impétueux menaçaient de tout briser, insensiblement se ralentit, et arrive paisiblement au but. Vous l'avez maintes fois professé, amis craintifs et chancelants, mais loyaux et sincères dans vos fatales appréhensions : ce furent les puissantes oppositions au grand mouvement de 89, qui enfantèrent les formidables efforts de 93; de 93 ! époque effroyable qui ne peut revenir ni dans un sens ni dans l'autre.

Au surplus, si nous murmurons de votre système incertain et stationnaire qui ne peut vivre [1]; s'il nous effraie

[1] Le mouvement est la vie ; l'immobilité est l'attribut de la mort. De

autant qu'il nous mécontente, comme diamétralement opposé à l'affermissement de l'ordre, compagnon intime de la liberté; nous nous méfierons de notre fougue, pour dire comme vous; nous la contiendrons. Nous conviendrons qu'il faut de la mesure, même dans le bien, et que trop de précipitation pourrait faire dépasser et manquer le but desiré, le but commun de tous, c'est-à-dire l'établissement de la liberté, et, avec la liberté, l'amélioration physique et morale de notre espèce, le perfectionnement des rangs élevés de la société, l'instruction des classes laborieuses, l'augmentation de leur bien-être, et leur complète émancipation. Nous vous accorderons qu'on ne saurait y atteindre d'un saut, à ce but, mais par degrés et avec précaution. L'opportunité des choses les plus excellentes, en fait de gouvernement, n'en est pas le moindre mérite, et il est de la sagesse de savoir l'attendre : nous le reconnaissons encore, et le voulons avec vous. Promettez-nous, avec la même candeur, une confiance plus franche, une sympathie plus vive, des croyances plus fixées, un concours plus sincère, plus actif et plus puissant. Croyez que nous ne voulons pas plus que vous ébranler le sol de la patrie; pas plus que vous sacrifier aux théories même les plus saintes, les réalités de la société; pas plus que vous né-

là, et quoi qu'on fasse, le triomphe infaillible de l'opinion *progressive* sur le système *stationnaire*. Déja ce système, décrépit à sa naissance, au milieu d'un succès de circonstances et tout éphémère, défaille partout et se meurt; heureux si les fruits qu'il aura donnés mouraient aussi vite ! Il se débat encore, mais dans l'agonie; son inaction le dévore et le tue : bientôt il va s'éteindre dans l'inertie. Car tout ce qui doit croître et marcher (et c'est de l'essence de la société), du moment qu'il s'arrête, et ainsi viole son propre principe, la condition de son être, il décroît et rétrograde, il touche à sa fin. C'est encore une loi générale qui, dans l'univers, ne régit pas que la matière.

gliger, pour de nobles idées, ses intérêts matériels, et aggraver ses maux trop réels, pour satisfaire à l'impatience de l'opinion, par l'application imprudente et précipitée des principes les plus incontestables, les plus féconds en bienfaisants résultats. Seulement nous sommes convaincus, comme vous-mêmes en avez un temps paru persuadés, que le tout peut et doit aller ensemble; et que la principale et première cause (en tant qu'ils seraient vraiment des accidents de notre révolution), que la principale cause des malheurs que nous déplorons tous, a été l'oubli des principes, c'est-à-dire des intérêts généraux, et la souffrance morale qui en est résultée : car il y a relation intime, et réciproque réaction entre les choses matérielles de la société, et ses besoins intellectuels. Nous sommes encore convaincus que la cure habile de la maladie qui nous afflige au moral, serait aux maux physiques qui en sont nés, le remède le plus prompt et le plus efficace.

Nos divisions doivent donc et bientôt finir : il serait par trop déplorable, quand on s'entend sur le but, de se séparer sur les moyens.

Résumons notre ouvrage.

La faute des premiers moments, et dans laquelle on a mis de l'obstination à persévérer, c'a été la déception de beaucoup des justes espérances de la révolution. L'opinion non satisfaite d'abord, ensuite incessamment blessée, et presque répudiée, a fini par se détacher du gouvernement. Alors le gouvernement, resté sans ressort, est tombé dans l'atonie; et il n'a pu être que débile et incapable, au milieu des difficultés croissantes de sa fausse position.

Il est donc essentiel, il est de nécessité, de nécessité urgente de rentrer dans la voie du salut, et de revenir à cette opinion générale, trop longuement méconnue. Que la leçon d'un passé si proche encore ne soit pas stérile. O vous qui nous gouvernez, qui tenez en vos mains nos destinées, élevez vos regards, et, d'une vue sûre et perçante, embrassez l'ensemble, saisissez la nature, comprenez la cause des choses; éclairez-en les abymes: *Felix qui potuit rerum cognoscere causas!* Il en est temps encore: revenez sur vos pas; reconnaissez vos erreurs, corrigez toutes les fautes qui ne sont pas absolument sans remède. La faiblesse, même dans un gouvernement, n'est pas à se reconnaître et à s'amender, mais à flatter et maintenir ses erreurs. La plus féconde des vôtres, celle qu'il importe le plus d'effacer tôt, c'est d'avoir méconnu, quoi que vous disiez, le principe de notre mouvement révolutionnaire; d'en avoir pris le prétexte pour la cause; d'avoir cru qu'en satisfaisant à ce prétexte, tout était fini. Mais ce n'est rien moins que cela. A ce prétexte en succéderont mille autres, tant que son principe restera debout. Le retrait de la Charte de l'invasion a été l'occasion de la nouvelle révolution, et rien de plus: la cause motrice, puissante, invincible de cette révolution, ce fut l'insuffisance d'une Charte que d'ailleurs on resserrait chaque jour, et le besoin général et pressant d'un régime tout autre que celui où nous avons croupi quinze ans. Gardez-vous donc de nous y retenir plus longtemps, dans ce régime flétrissant et flétri. Il est frappé à jamais de réprobation: aucun replâtrage ne saurait le relever, le sauver du dégoût général. Pour avoir, contre toute raison, survécu en partie aux trois jours, il ne doit pas moins tomber bientôt, et mourir tout entier. Bien loin donc de lui prêter un dangereux et inutile appui, ménagez-en seulement la catastrophe complète; amenez-la prochaine et sans accident: alors vous serez grands parmi nous; vous aurez bien mérité de votre patrie et du genre humain. Pour rentrer dans notre thème, écoutez enfin, écoutez l'esprit public; sachez le reconnaître à travers les accidents qui le déguisent, ou le font taire en beaucoup d'endroits[1]. Comprenez-le; partagez-le, afin de le guider

[1] Ce serait une grave erreur de ne juger l'esprit public que par les élections qui ont lieu ou se préparent en ce moment; ou par l'espèce d'ovation offerte à leur retour à des Députés de toutes les nuances. La peur, flagrante encore dans beaucoup de départements, mille considérations particulières, déterminantes dans les petites localités, avec un nombre aussi borné d'électeurs, le concours des anciens *ultras*, tout explique aux moins clairvoyants pourquoi la plupart des nouvelles élections seront dans le sens de la majorité actuelle de la Chambre, plutôt que dans celui de la véritable opinion, représentée par la minorité de cette Chambre.

Quant à la satisfaction manifestée avec plus ou moins d'éclat, à certains Députés de la majorité, elle ne prouve pas davantage; elle serait au contraire moins significative. En effet, ces démonstrations ou sont provoquées, et pour cause, par les Députés, leurs amis, et des fonctionnaires, qui souvent sont leurs créatures; ou elles sont l'expression de la reconnaissance particulière, et une sollicitation délicate de nouveaux bons offices. Mais la plus grande part de la satisfaction publique témoignée en ces occasions, est revendiquée par la révolution elle-même, à laquelle sont censés avoir coopéré tous les Députés: on salue encore cette révolution dans le Député qui y assista, s'il n'en fut acteur.

Il est probable que l'amour-propre et les préventions diverses verront autrement les choses. Pour nous, qui sommes ici en pleine liberté de penser, sans préventions, sans intérêt ni d'individus, ni de coterie, ni de parti; nous qui, de la situation où nous nous trouvons placé en face des hommes et des choses, pouvons ne considérer et n'avoir à cœur que le bien général; à qui d'ailleurs notre position dans le monde, nos goûts et nos habitudes ne peuvent faire desirer que l'opposé du désordre et d'un bouleversement nouveau; nous enfin, adorateur sincère, amant passionné de la vérité et de la justice, comme de la liberté; qu'aucune illusion n'abuse, et que nos cheveux gris ont trop bien guéri

plus sûrement, et de le satisfaire loyalement et largement, en tout ce qui n'est ni exagération, ni intempestif. Il faut penser comme tout le monde, et mieux que tout le monde, et agir en conséquence. Alors reparaîtra la véritable opinion publique, aujourd'hui voilée, et, pour ainsi dire, disloquée ; elle reparaîtra franche, décidée et compacte, comme aux premiers jours de la révolution ; et bientôt elle aura absorbé toutes ces nuances fausses et trompeuses apparues depuis, malheureux germe de discordes prochaines, de luttes et de combats nouveaux. Alors les impatiences se calmeront, et la gent méticuleuse rira de sa peur ; alors plus de mécontents que chez la faction vaincue, qui, désarmée de tout espoir, prendra le parti de se résigner ; alors enfin, s'il reste des exagérés, ils seront rares, et nullement dangereux : on n'aura plus à craindre que la démocratie mécontente dégénère en démagogie.

Voyez ce fougueux torrent ! malheur à l'imprudent qui tente de l'arrêter ! il est aussitôt englouti. Au contraire, on le maîtrise, on l'utilise en désobstruant son cours, et lui ouvrant de faciles passages.

Or ce torrent, c'est l'opinion.

des aimables séductions de la jeunesse, et de ses nobles erreurs : nous croyons justes nos observations, et nous en sommes tout-à-fait convaincus.

Oui, nous croyons fermement qu'au lieu de s'être retrempés, comme on a dit, dans leurs départements, pendant la vacance, nos Députés, en général, auront bien plutôt exalté dans leur sens leurs coteries, et les tenants et aboutissants d'icelles. Alors la véritable opinion, surprise dans une espèce de tumulte, et troublée et étourdie, a dû se recueillir et se taire : elle a pu ainsi prêter à la méprise. Mais l'erreur sera courte; déja elle est par-tout avouée : puisse-t-elle n'avoir point de fâcheuses conséquences !

Bornons ici notre course déréglée et vagabonde, entreprise avec beaucoup moins de forces que de zéle, et finissons par le cri de tous les Français :

Vive la liberté ! vive le roi des Français ! Qu'il régne long-temps sur nous, et après lui ses descendants ! Loin de lui le fléau des princes: les courtisans et les flatteurs ! Qu'il soit toujours le roi *populaire,* le roi de la *canaille,* comme on dit en maints salons ! Titus, Trajan, Antonin, Marc-Aurèle, et, chez nous, Henri IV et Louis XII, tous furent les amis et l'idole de ce peuple tant méprisé; et cet excellent Louis XII en devint, comme aujourd'hui Philippe, le sujet des brocards des courtisans d'alors. Ainsi on a dit vrai : les cours sont *immuables;* les valets y succèdent perpétuellement à des valets. Malheureuse condition de ces esclaves titrés ! Leur livrée dorée les condamne et les attache à une eternelle servitude, à une incurable et héréditaire dégradation. En vain marche la civilisation; en vain les lumières s'étendent; en vain la société perfectionnée grandit, et par-tout s'émancipe : le jour de l'affranchissement ne luira jamais pour eux; jamais ils ne l'appelleront de leurs vœux; jamais ils n'en comprendront le bonheur; jamais ils n'en goûteront les délices. Séquestrés du progrès social, enchaînés à leur bassesse, abrutis et stupides, aucun soupir généreux ne gonfle leur poitrine, aucun noble desir ne vient réveiller leur cœur, émouvoir et ravir leur ame, et les relever un instant de ce bas égoïsme, de cette abjection profonde, incarnés en eux. Ils végètent après des siécles, ils rampent dans la même et étroite sphère où rampaient leurs devanciers : ils ne sont, comme eux, ils ne seront toujours que d'insolents et misérables esclaves.

POST-SCRIPTUM.

Notre ouvrage est sous presse, et loin de nous, au moment où nous apprenons le remplacement de ministres honorables, et depuis long-temps chers au pays, mais qui, on ne sait par quelle fatalité, ont eu le malheur, avec de grandes lumières, de mal apprécier leur position et la nôtre, et, par suite, de tomber dans de bien funestes méprises.

Espérons que leurs successeurs, libres de préventions fâcheuses, et de précédents gênants, comprendront mieux la France, et les conséquences d'une révolution grande comme elle fut subite et prompte. Espérons qu'ils sauront réparer les erreurs d'un passé qui nous touche, et trop récentes pour n'être pas facilement réparables; qu'au lieu de louvoyer à grande peine, entre les écueils d'un détroit resserré, éternelle patrie des tempêtes, ils entreront, voiles et enseignes déployées, dans la mer vaste et toujours sûre, sans cesse agitée, mais rarement orageuse, où régne le vent de la liberté, et cingleront vers ce nouveau monde, éclos de la civilisation, qui se découvre aux vues étendues, dans les nuages de l'horizon; qu'ils franchiront, sans plus de retard, l'étroite lisière de la Restauration, et nous feront pénétrer enfin dans la terre promise. Notre confiance renaît donc, elle renaît entière : elle ne sera pas trompée. Par une volonté sympathique et puissante, une invincible fermeté, ils assureront, sans combats nouveaux, à leur noble patrie, les conquêtes de sa dernière révolution. Établis sur le terrain solide de la nouvelle Charte, qui sera avec eux une Charte *de vérité*, ils rempliront les promesses de son origine; ils accompliront, et dans leur plus grande latitude, d'augustes et sages paroles; ils réaliseront les assurances le plus solennellement offertes et acceptées; ils donneront à nos institutions les développements larges et complets qu'elles comportent, et qu'exige impérieusement l'esprit public. Ils écarteront des conseils la timidité et la peur: alors des résolutions pusillanimes, des décisions humiliantes dans leur source, injustes, cruelles et impolitiques dans l'application, n'en sortiront plus pour contrister et déconcerter le pays, en même temps que réjouir ses ennemis du dedans, et enhardir ceux du dehors. Doués d'une intelligence supérieure, ils comprendront qu'en multipliant le nombre des *citoyens*, c'est-à-dire des Français aptes aux droits politiques; qu'en élargissant, jusqu'à ses dernières limites, jusque là où poindraient des dangers de trouble, le cercle des attributions civiques : ils accroîtront, dans une proportion, non pas égale, mais au moins décuple, le patriotisme des masses, et leur affection pour un gouvernement généreux, dans lequel tous comptent, dans lequel tous concourent aux affaires de tous, soit directement, soit par leurs Pairs, et des représentants véritables; ils sauront voir dans cette création de nouveaux citoyens, autre chose qu'un élément de désordre : au contraire, ils y découvriront, contre les perturbateurs et les agitateurs domestiques, contre les intentions malveillantes des gouvernements étrangers, la barrière la plus solide : celle d'un dévouement puissant, et de nombreux et hauts intérêts. Ils ne retarderont plus des économies éludées depuis tant d'années, et devenues indispensables ; ils sauront les combiner avec des dépenses productives, avec ces hautes conceptions du génie, ces créations puissantes qui vivifient le présent et l'avenir des empires, et paient à longue usure les sacrifices qu'elles commandèrent; ils s'entendront enfin avec la nation, et marcheront avec elle. Ainsi ils nous sauveront du danger de nouvelles convulsions.

Leur tâche est belle, et d'autant plus glorieuse qu'ils auront plus de difficultés à vaincre, des difficultés décourageantes pour des esprits timides et étroits. En effet, ce qui, il y a trois mois, était facile autant que desirable et nécessaire, éprouvera aujourd'hui des résistances qui peuvent devenir violentes. Mais pour en triompher, et peut-être les prévenir, il ne faut qu'une chose : c'est une volonté énergique, tout d'abord et hautement manifestée. Que le gouvernement veuille, qu'il veuille fortement; la raison et la force, l'irrésistible[1] force de l'opinion publique, sont de

[1] Oui, *irrésistible.* C'est une vérité banale, mais qu'on ne doit point se lasser de répéter aux hommes d'État, car la plupart n'oublient rien aussi vite, quand ils arrivent au pouvoir, que les leçons du passé et leurs propres maximes.

Vainement donc on voudrait lutter avec l'opinion: il faut, en définitive, que la victoire lui reste. Ce qu'elle veut arrivera toujours, quoi que vous fassiez. Mais la résistance à ses desirs et ses besoins peut entraîner des malheurs affreux, d'épouvantables calamités. Bien que patiente quelquefois et longanime, jamais elle ne céda: à la fin, les obstacles l'irritent, et sa colère est terrible. O France! ô Belgique!... Écoutez-la donc, et soumettez-vous de bonne grace: elle saura reconnaître votre déférence. Si au contraire, tremblez: ses carreaux vont fondre sur votre tête. Bientôt elle viendra, impérieuse et altière, vous arracher d'autorité ce qu'elle vous demandait en suppliante; et son exigence se sera accrue de vos refus. Toujours facile et secourable à qui la comprend et lui défère, elle accable le récalcitrant, et le lance dans le gouffre dont en vain elle lui montra la bouche menaçante.

Mais, objecterez-vous, elle est exigeante et déraisonnable. Si nous lui

son côté : il pourra tout ce qu'il voudra. Qu'au lieu de s'en laisser subjuguer, de ne marcher qu'à sa remorque, il

cédons aujourd'hui, demain il faudra lui céder; il faudra lui céder toujours. D'où la conséquence que vous devez lui résister aujourd'hui, afin de lui résister demain, de lui résister toujours. Cette conséquence est admirable pour les hommes de l'inaction, les partisans éternels de l'inviolable *statu quo*, les optimistes de tous les régimes. Par malheur l'expérience est là toute palpitante, l'importune et désolante expérience, qui démolit sans pitié ce système flatteur, et, d'un souffle, enlève cette tant douce conséquence, que d'ailleurs la moindre logique suffit à pulvériser. En effet, les antécédents d'où on la déduit sont essentiellement sophistiques et infirmes, et la laissent sans aucune base. Ils supposent injuste et déraisonnable le vœu général, en même temps qu'ils admettent la possibilité de s'y soustraire, de lui résister avec avantage: mais c'est une supposition fausse, sous son double point de vue. Il est reconnu, d'un côté, que la résistance serait, dans tous les cas, non moins vaine que dangereuse; et, de l'autre, on nie que les prétentions de l'opinion publique soient jamais déréglées ni exorbitantes, à moins que des circonstances extraordinaires ne l'aient égarée. Mais cet accident est fort rare, et toujours passager. Par l'indestructible privilège attaché à la vérité, la véritable opinion tarde peu à rentrer dans ses droits ; à refouler cette opinion factice, outrée et capricieuse, qui avait un instant usurpé sa place. Expression de la raison publique et des besoins de la société, l'opinion réelle du pays est facile à saisir, même dans les moments les plus tumultueux. Qu'on se dépouille des préventions, sourdes et aveugles; qu'on se détache des intérêts particuliers, des étroites considérations de l'amour-propre: qu'on descende ensuite en soi-même, qu'on écoute, qu'on se recueille; et sa voix frappera bientôt, qui éclairera la conviction, et dissipera tous les doutes. Elle n'est ni injuste ni emportée, bien que véhémente quelquefois ; ses prétentions sont modérées d'ordinaire, et ne s'élèvent qu'en proportion des nécessités du pays, mais renfermées toujours dans le cercle du possible. Elles ne sont pas indéfinies : seulement elles croissent et se modifient sans cesse, selon les mouvements de la société.

Empressez-vous donc à la contenter, et suivez-la dans ses variations nécessaires et naturelles. Croyez bien qu'on ne s'égare point avec elle,

domine et entraîne une Chambre des Députés qui ne cherche ses inspirations que dans les salons, et paraît avoir rompu et divorcé avec la majorité de la nation. Il faudra bien qu'elle suive; autrement elle-même remettrait tout en question, et pousserait à des extrémités toujours fâcheuses. Elle se placerait vis-à-vis la France, et en état d'hostilité : elle donnerait une seconde représentation de la piéce jouée par le ministère en accusation. Cependant le spectacle d'une Chambre populaire de sa nature, au rebours de l'esprit national et du gouvernement réunis, ce spectacle serait autrement hétéroclite que l'opposition par le pouvoir, naturellement envahisseur, aux suppliques de l'opinion. Mais encore à cet égard, qu'on se rassure : quelle que soit son humeur, la Chambre est trop prudente, trop amie du pays, que malheureusement elle comprend mal, elle se sent trop isolée et trop faible, pour oser pousser à bout un ministère résolu, et intimement lié avec la nation, et se révolter contre l'un et l'autre. Ce ne serait rien moins qu'un suicide : elle ne le commettra jamais. Au contraire, elle consentira à tout, et s'en félicitera plus tard, alors que seront refroidies ses susceptibilités, et dissipées ses préventions.

Car, dans la situation où l'on a amené les choses; avec

parcequ'elle est toujours la manifestation de l'instinct des peuples et du vœu des nations : c'est dire qu'elle est la voix de la vérité.

Que si, par impossible, elle s'abusait, encore serait-il de la prudence de l'écouter, de lui satisfaire même, plutôt que de soulever sa furie. Elle-même bientôt, reconnaissant son erreur, vous rendra aisés les moyens de la réparer.

Au surplus, pour un gouvernement habile, ce n'est là qu'une vaine hypothèse. Il préviendra, sans efforts, ces écarts circonstanciels de l'opinion, parcequ'il sera incessamment avec elle, attentif, et à sa tête.

un esprit public prononcé, et tout démocratique, un parti républicain qui, grace aux fautes commises depuis trois mois, menace de se former, et tous les jours peut être gagne quelques recrues, nous pourrions à la fin arriver à cette alternative, qu'il est au moins convenable d'éviter : ou la république, plus que difficile en France; ou une monarchie populaire, telle que nous l'avons de droit, en vertu de la révolution, et qui doit se résoudre en fait le plus tôt possible.

Sans contredit, cette monarchie, loyalement développée, et se dirigeant avec sincérité dans le sens de son principe fondamental, le principe démocratique, sans aucun doute, cette monarchie, *la meilleure des républiques,* est toujours le vœu presque unanime du pays; elle est le seul gouvernement qui nous convienne, qui puisse rallier les opinions dissidentes, et réunir l'immense majorité des suffrages, les suffrages mêmes des républicains. Tandis, au contraire, que les partisans décidés de la république sont rares et quasi imperceptibles. Cependant le nombre en grossirait infailliblement, et pourrait, à la longue, devenir un parti redoutable, par la continuation, même mitigée, du régime de quinze ans, louche, impur et détesté. Qu'on l'abjure donc tout-à-fait, qu'on l'abandonne complétement, ce régime de mensonges et d'opprobre, et de la plus ignoble, la plus brutale des servitudes, la servitude de la conscience : il est incompatible avec le caractère français, et incapable de produire que du désordre. Que tarde-t-on? que craint-on? Ses amis mêmes n'oseraient ouvertement le soutenir; ils en ont honte; et leur bouche, sinon leur cœur, le désavoue. Ainsi plus de subterfuges, plus de retard, plus de déguisement. Qu'on aborde franchement les difficultés : en est-il qui résistassent aux armes tranchantes de la vérité adroitement et vigoureusement maniées? Puisque notre nouveau régime fut proclamé celui de la probité et de la franchise, qu'il se garde de la moindre apparence de celui qui l'a précédé. Qu'on ait toujours présent que si l'imposture et l'hypocrisie minent les trônes, la loyauté et la vérité les affermissent.

Qu'on veuille donc, répéterons-nous encore, qu'on veuille bien, qu'on veuille vite; et tout deviendra facile. Bientôt la consécration des principes par une sage application, autrement le triomphe des intérêts de tous sur les intérêts de l'aristocratie et du privilége, aura coupé la tendance républicaine de quelques esprits : et ces esprits exaltés et sincères, tout court arrêtés par la satisfaction, au fond, de leurs plus ardents desirs, resteront indifférents sur la forme et le nom du gouvernement : ils ne se soucieront plus d'aller plus loin.

Alors nous serons tous calmes, tous unis; nous serons tous contents et heureux (car la faction renversée est trop minime; ses principes sont trop étroits, trop abjects, pour séduire des cœurs français : elle ne peut compter; elle ne saurait interrompre cette ravissante harmonie). Alors la puissance de notre glorieuse patrie ne connaîtra pas de bornes, elle ne pourra être égalée que par sa noble générosité, et par sa magnanimité sublime. Objet de l'envie et de la bienveillance des peuples, des égards et du respect des cours, par la puissance de leur haute civilisation, les Français seront véritablement alors *le grand peuple*, le peuple-roi, le type de la société, l'ami et le modèle des nations civilisées.

Parmi les abus qui fourmillent en France, à cause des

divers régimes qui, depuis un demi-siècle, s'y sont succédé, et dont chacun de ces régimes a fourni un fort contingent, soigneusement réservé par ceux qui le suivirent, il nous plaît, en ce moment, d'en dénoncer au nouveau ministère, un qui, bien qu'il ait pour lui la prescription des siècles, n'en doit pas moins, sans doute, être recherché, et vigoureusement réprimé. Cet abus régna souverainement durant la Restauration. Puisse-t-il périr avec elle, et ainsi qu'elle ne jamais renaître !

C'est en vain que la loi a hautement et impérativement déclaré que les charges publiques et les impôts seraient également supportés par tous les Français, chacun en proportion de ses facultés: cette disposition d'équité n'a cessé d'être éludée, ou effrontément bravée. Ainsi en province comme à Paris, mais à Paris sur-tout et ses environs, il suffisait d'être courtisan, ou riche, ou puissant, ou protégé d'une des puissances du jour, pour se faire exempter, non seulement des amendes et droits pénaux encourus par la fraude ou l'insouciance de la loi, pour en arrêter ou paralyser la demande, mais encore pour obtenir la remise totale ou partielle des droits principaux, ou une suspension indéfinie de paiement, également proscrite par la loi.

Cet abus, commun à toutes les parties financières, nous avons, plus particulièrement, pu le remarquer en matière d'enregistrement et de domaines; nous avons vu que, tandis que le pauvre et le malheureux s'épuise pour satisfaire aux exigences du fisc, sans autre réclamation que d'inutiles soupirs et des larmes, les seigneurs et les Crésus, et leurs parents et amis, ceux auxquels l'impôt est le moins onéreux, trop souvent s'en affranchissent.

Et voilà comment les faveurs particulières, qui, en fait de contributions publiques, ne devraient exister pour personne, parcequ'elles sont toujours un tort fait à la communauté, mais qu'on excuserait volontiers pourtant, si elles tombaient en sens inverse; voilà comment elles sont le patrimoine exclusif des heureux du siècle! Mais par cela aussi, elles sont calamiteuses pour le Trésor, auquel elles soustraient de nombreux millions, d'une rentrée facile, et purs des sueurs et des souffrances des contribuables.

Si l'on compulsait avec soin les sommiers et la correspondance officielle des préposés de l'administration que nous avons citée de préférence, il est inouï peut-être les sommes que, là seulement, a perdues le Trésor, depuis seize ans: et ces sommes énormes, pour la plus forte partie, sont venues en augmentation des remises de biens, du milliard, des dettes payées, des bourses universitaires, des indemnités cumulées avec les biens mêmes, objets de l'indemnité, et avec des indemnités antérieures et particulières; en augmentation encore des pensions, des sinécures, des gros et gras emplois, des cumuls, des décorations, de l'autorité et des honneurs, qui ont gorgé sans l'assouvir un parti non moins insensé qu'insatiable, puisqu'il a joué sur un dé, et perdu tant d'avantages échus, accompagnés de plus grandes espérances. Il est inconcevable, ajouterons-nous, quelle impudente partialité on rencontrerait souvent dans ce dégoûtant travail: par exemple, on trouverait que, en même temps qu'on ordonne en faveur d'un tel, sur des motifs insignifiants, l'abandon de fortes sommes, d'un recouvrement certain et prochain, on prescrit contre tel autre, en excipant cette fois de solides raisons, la poursuite d'une affaire de même nature, seulement un peu plus difficultueuse : et cela dans le même lieu, et presque à la même heure.

Que si vous consultez les employés de tous grades de cette administration, tous avouerons ce fait, en levant les épaules, tous le déploreront, bien que plusieurs d'entre eux quelquefois en aient été complices; beaucoup, ceux à remises sur-tout, et ceux d'un caractère juste et élevé, s'en plaindront avec amertume.

Cependant est-ce bien là cette égalité proclamée par la loi? Est-ce là de la justice distributive? Est-ce de l'équité? Est-ce de la sagesse et de la prudence? Si ce furent celles de la Restauration, pourquoi chercher ailleurs l'explication de sa chute précipitée? Dieu en garde à jamais notre jeune et nationale dynastie!

Nous n'appuierons pas autrement là-dessus. Il est loin de notre pensée de préciser aucun fait, non par impuissance, mais parcequ'il nous répugne. Quant au remède, sinon pour extirper tout-à-fait, c'est malheureusement impossible, mais pour beaucoup atténuer cet abus attristant, et bien criminel à nos yeux, cet abus dont, tout aussi profondément que les administrations financières, l'administration civile et celle même, celle de la justice, ont été imprégnées; quant au remède, disons-nous, nous laissons à de plus habiles à l'indiquer.

Il en est de même pour cet autre abus, qui se confond avec le précédent, et qui n'est ni moins fâcheux, ni moins abondant en conséquences funestes : nous voulons dire la fortune de l'intrigue, et le bonheur des protections, dans la carrière des emplois, et dans la répartition des faveurs du gouvernement.

Dans cet abus, de tous les temps aussi, il y a pourtant, et beaucoup, du plus et du moins; la Restauration encore avait su se l'approprier, et le porter bientôt à son apogée. Sous ce régime dévorant, que beaucoup regrettent (et ils ont été payés pour cela), dans la promotion aux emplois, grands et petits, dans la distribution des bienfaits de tout genre, sollicités soit par des individus, soit par des localités, on s'occupait peu, ou pas du tout, des titres réels des postulants : on comptait et l'on pesait leurs protecteurs, et on ne s'en cachait pas. Alors les places et les graces ne pouvaient, que par hasard, descendre sur le mérite et sur des droits légitimes. Quant à l'ancienneté, au travail, au zéle, à la capacité des sujets; quant aux convenances, à l'utilité publique, à la justice des réclamations, bagatelle que cela : à moins de l'appui ou d'un grand seigneur, ou d'une noble courtisane, ou d'un député ventru et vendu, ou, mieux encore, d'un certificat de congréganisme en bonne et due forme, ou de la recommandation hautaine d'un prélat fastueux, d'un aumônier de la cour, d'un suppôt de Loyola.

Il faut aujourd'hui que le gouvernement, s'il ne peut absolument guérir cette affreuse lèpre, la resserre au moins dans les plus étroites limites ; c'est instant : il y va de son intérêt et de son honneur. Il en retirera un double avantage : d'une part, ses affaires seront mieux faites, administrées par des hommes alors plus zélés, et généralement plus capables; de l'autre la considération et la bienveillance que des fonctionnaires de mérite s'attirent par eux-mêmes, rejaillira sur lui, de la même manière qu'il participe toujours à la déconsidération, à l'odieux et au mépris des hommes de son choix : et cet avantage ne sera ni le seul, ni le plus grand.

Nous avons, dans cet opuscule, effleuré beaucoup de choses, en nous abstenant toutefois de toucher à la politique extérieure. C'a été de notre part bien moins par une inutile circonspection, par une prétentieuse et tout-à-fait vaine discrétion, que par le sentiment de notre insuffisance. Cependant nous avertirons ici nos hommes d'état, que, sous ce rapport encore, ils sont loin de compte avec l'opinion ; et que leur diplomatie étroite, indécise, et timide, indigne de la fierté d'un peuple libre, d'un peuple non moins puissant que modéré, et qui sent et connaît sa force, nous les avertirons que cette molle et inquiéte diplomatie ne les a pas plus relevés aux yeux du pays, qu'à ceux de l'Europe, surprise sans doute.

La France veut assurément la paix; elle la veut sincèrement, mais elle serait peu d'humeur de l'acheter : elle n'entend pas plus la subir qu'elle ne prétend la dicter. Elle la veut; mais digne d'elle, mais sincère, solide et durable, et non masquée et précaire. Et pour l'obtenir telle, il faut que son langage, mâle et simple, soit l'expression de la franchise, d'une volonté décidée, et par-là imposante, d'une énergique fermeté, qui intimide le mauvais vouloir des cabinets, leur apprenne qu'on saurait se passer de leur aveu, et les persuade qu'on ne redouterait pas plus leurs efforts ennemis, que l'on ne desire une rupture.

L'opinion encore, si nous avons su la saisir, est plus que mécontente [1] de la non-sympathie qu'on témoigne à

[1] Quand le présent est si gros d'avenir ; quand par-tout s'élaborent et fermentent des évènements grandioses ; quand des projets contre la liberté *factieuse*, les peuples insolents qui l'ont conquise, ou qui la réclament, se ruminent dans le secret des cabinets ; quand les cours soulevées ourdissent leurs trames, calculent leurs moyens, et forgent, dans leur desir du moins, de nouveaux fers à la France rebelle, à cette nation superbe, ce peuple d'insensés, rêvant et invo-

des cœurs hauts et généreux, et qui devaient compter au moins sur la bienveillance de notre gouvernement, sinon sur des secours effectifs de sa part. Elle souffre et murmure des obstacles inattendus qui sont venus compromettre une noble tentative, et de la dureté étrange, des inconcevables rigueurs dont, sur notre sol hospitalier, on moleste une courageuse infortune, alors que tout nous fait un devoir, un devoir sacré, de l'adoucir, de la protéger et la consoler.

Nous évitons de nous appesantir douloureusement là-dessus ; et nous allons couronner un ouvrage si fidèle à son titre, par la manifestation des vœux suivants, relatifs à une branche considérable des revenus publics.

1° Abolition du droit de succession *en ligne directe*, droit

quant une légitimité des peuples antérieure et supérieure à celle des rois, une dignité de l'homme autre que la dignité de courtisan : comme si les rois n'avaient pas précédé les peuples ; comme si les droits et la force de tous pouvaient entrer en balance avec la force et les droits d'un seul ; comme si la créature la plus parfaite de Dieu n'était pas inférieure aux créatures des princes, et si, à peine de dissolution de la société, des millions d'êtres intelligents ne devaient pas s'humilier et s'anéantir devant un petit nombre de nobles adulateurs, et de favoris illuminés, ne pensant jamais par eux-mêmes, mais sans cesse étudiant la pensée du maître, et recevant de lui seul toutes leurs inspirations ; quand de sombres nuages chargent l'horizon, et pèsent sur l'atmosphère politique ; quand ce mugissement lointain, précurseur des tempêtes, vient frapper les oreilles, et avertir le prudent nautonier : dans un moment si critique et si grand, est-ce le cas à notre gouvernement de froisser rudement l'opinion générale, nous ne disons pas seulement de la France, mais du monde tout entier, attentif à nous observer ? Non ; il lui importe au contraire de ménager la sympathie des peuples, de bien s'entendre avec la nation, et de marcher étroitement uni avec elle. C'est le plus sûr moyen de conjurer un orage, éloigné ou prochain, mais certain, qu'il nous semble entendre déja gronder.

injuste, dur, cruel et barbare, et mal-à-propos compris parmi les impôts *indirects*, lorsqu'il n'est qu'éventuel et qu'il est d'ailleurs inévitable et forcé. Sans entrer dans le détail de tout ce qui le rend odieux et amer, nous l'attaquerons dans son principe : nous soutiendrons qu'il est improprement qualifié, et basé sur une considération absolument fausse. En effet, l'affinité entre les parents et leurs enfants est telle, chez nous, qu'il est passé en maxime que ceux-ci continuent l'existence de leurs auteurs, qui ainsi se survivent dans leurs descendants. D'où ce résultat, qu'il n'y a pas de *mutation*, proprement dit, des biens délaissés par un père à ses enfants.

La thèse contraire, défendue par Montesquieu [1], peut être vraie en théorie générale et absolue, et sous le point de vue purement philosophique. Mais dans l'application à une société organisée comme chez nous, elle serait insoutenable et subversive. Au reste, on peut dire que ce grand homme lui-même la justifie plutôt là où elle fut mise en pratique, qu'il ne l'admet et la maintient pour les états autrement réglés.

Que si la pénurie des finances, et les besoins pressants de l'état, ne permettaient pas cette abolition générale et compléte, nous insistons alors pour qu'elle ait lieu en faveur des successions pauvres et très modiques, pour celles dont les cotes de contributions directes ne dépassent pas 100 francs. Et qu'on ne se récrie pas contre cette faveur pour la pauvreté ou la gêne, alors que la fortune en a tant de réelles, sans compter celles d'honneur : qu'on ne craigne point que ce privilége, si c'en est réellement un, suscite beaucoup d'envieux, et excite trop l'ambition de descendre.

[1] *Esprit des Lois*, liv. 36, chap. 6.

Dans tous les cas, et pour toute espéce de successions, l'équité exige la distraction des charges de l'hérédité, avant d'établir la base du droit, chaque fois du moins que ces charges seront constatées d'une manière certaine et irréfragable.

2° Réduction à moitié du même droit entre frères et sœurs, et pour les successions transmises des oncles aux neveux (nous ne disons pas des neveux aux oncles, par la raison qu'ici la succession, bien plus éventuelle, est, à quelques exceptions près et accidentelles, contraire à l'ordre général, et au vœu de la nature).

Nous nous dispenserons d'ailleurs d'expliquer pourquoi, entre parents si proches, les droits actuels sont exagérés et tout-à-fait exorbitants.

3° Diminution d'un tiers dans les droits de mutation à titre onéreux. Cette réduction serait desirable et dans l'intérêt du fisc, et dans celui de la morale publique. Nous nous expliquons :

En prévenant, comme nous le pensons, la plupart des simulations de prix, et la clandestinité d'un grand nombre de mutations, cette mesure couvrirait, et au-delà, le gouvernement de la perte qu'elle lui ferait éprouver d'un autre côté.

Sous le rapport moral, la diminution que nous demandons, accompagnée de précautions sévères, sévèrement et impartialement appliquées, concourrait puissamment à la répression de la fraude, de la fraude toujours ignoble, toujours injuste et dégradante, même en matière fiscale. Pour peu qu'on y réfléchisse, en effet, il est évident que la soustraction, par un contribuable, d'une partie de ce qu'il doit au trésor public, est un vol, qui ne diffère du vol ordinaire, qu'en ce qu'il lèse toute la société, au lieu d'un individu. Or, comme la société est composée de beaucoup plus de pauvres que de riches, ce vol, à le bien prendre, est encore plus lâche et plus inhumain que nombre d'autres que poursuit la justice, et flétrit l'opinion : et il sera d'autant plus vil, que celui qui s'en rend coupable prend une part plus considérable dans les bénéfices sociaux. Le régime essentiellement moral de liberté et de vérité qui nous a été promis, et la loyauté naturelle au caractère français, auront bientôt, quand des droits excessifs ne l'excuseront plus, fait justice de ce préjugé cupide, qu'il est à-peu-près licite d'éluder l'impôt, et de s'y dérober autant qu'on le peut.

Pour remplir le vide de caisse que l'accomplissement de nos vœux pourrait amener, nous proposons, en nous emparant de ce principe, qui vient d'être avoué de nouveau, et solennellement reconnu à la tribune, que *c'est moins le poids de l'impôt que l'injustice de sa base, et l'inégalité de sa répartition, qui le rendent intolérable :*

1° De retirer toutes les exemptions des droits de timbre et d'enregistrement dont jouissent aujourd'hui les départements, les communes, les hospices, les séminaires, les fabriques, les congrégations religieuses, et généralement tous les établissements publics, qui rentreraient, sans exception pour aucun, dans le droit commun.

Il serait à desirer aussi qu'on rendît au domaine public et au commerce, cette masse inerte de biens-*immeubles* que détient l'inféconde et stérile mainmorte, en même temps qu'on aviserait à prévenir ce mal pour l'avenir. Il est assurément plus d'un moyen de remettre ces biens en circulation, sans blesser les droits légitimement et équitablement acquis.

On peut prévoir des objections vives et spécieuses à

cette proposition et à celles qui suivront : mais nous pensons y répondre victorieusement par cette seule considération : qu'il faut des impôts ; et que ceux que nous pro posons sont destinés à en remplacer d'infiniment plus onéreux et plus vexatoires.

2° De porter à 7 pour cent les droits de mutation par décès, entre parents au-delà du degré de cousin-germain, en élevant à 10 pour cent celui des successions dévolues à des étrangers.

Il est bien entendu que nous n'avons ici en vue que les biens-fonds ; quant aux biens-meubles, on en augmenterait les droits, dans une proportion analogue.

3° De remplacer le droit fixe de formalité assis sur les contrats de mariage, par un droit de un ou deux par mille sur les apports des futurs, quelle qu'en soit l'origine, et encore qu'ils soient frappés d'un autre droit proportionnel par le même contrat ; attendu que ce droit serait essentiellement distinct et indépendant du premier. La disposition que nous provoquons subsistait, quant au fond du moins, sous l'empire de la loi du 19 décembre 1790. Elle serait productive, et tout-à-fait équitable ; car il est révoltant que le tarif soit le même pour le contrat d'un haut et puissant tenancier, ou d'un banquier millionnaire, et celui d'un pauvre paysan et d'un malheureux ouvrier.

Il en serait de même, et par la même raison, des testaments et des partages.

Il en serait de même encore du droit fixe établi pour la transcription hypothécaire des actes, qu'il faut convertir en un droit d'un par mille, tel que celui des inscriptions de créances. Ce droit modique, qui n'atteindrait que les mutations au-dessus de mille francs, puisque celles au-dessous paient aujourd'hui plus que cela, n'empêcherait pas une seule transcription : car que sont dix ou cent francs sur dix mille ou cent mille francs, et quand il s'agit d'une formalité aussi importante, et aussi négligée sur-tout dans les départements qui s'éloignent de la capitale? Il est choquant d'ailleurs qu'un contrat où sont stipulés des millions, n'acquitte, pour la même formalité, pas plus que celui qui régle les intérêts les plus minimes. On ne peut opposer les droits perçus à l'enregistrement, ces droits ne ménageant pas plus les petites que les grandes transmissions. Ensuite l'enregistrement et la transcription sont deux formalités différentes, et soumises à des droits distincts; et pour que ces droits soient équitables, il est indispensable, malgré la chambre *introuvable*, que les uns et les autres soient également proportionnels. On ne saurait graduer les droits de timbre et les salaires d'après l'importance des actes : et cette impossibilité milite de plus en plus en faveur d'un droit sur les valeurs, qui corrigerait ce qu'il y a là encore d'injustice.

Alors, et moins dans l'intérêt du Trésor, qui pourtant ne doit pas être négligé, que dans celui des particuliers, trop souvent victimes d'une confiance déçue, ou d'un petit et mauvais calcul, alors il conviendrait de rendre obligatoire et forcée, pour tous les actes, la transcription aux hypothèques, comme sous la loi du 11 brumaire an 7, et comme la jurisprudence l'a adopté quant aux donations.

Cette mesure rendrait beaucoup au gouvernement, par le cumul et des droits, et du timbre, et du prélévement qu'il exerce de la moitié du salaire des conservateurs. Elle ferait cesser une bigarrure et une inconséquence dans la législation, préviendrait bon nombre de misérables contestations, et empêcherait beaucoup de dupes; enfin elle aurait l'assentiment des hommes éclairés et versés dans les affaires. A cet égard un jurisconsulte célèbre, un de nos plus savants magistrats, M. Grenier, dans son traité des hypothèques, a pris une sorte d'initiative, en louant la loi du 28 avril 1816, d'avoir su combiner les besoins du fisc avec l'avantage individuel des parties contractantes. On ignore en vérité si ce but philosophique fût réellement dans l'intention des législateurs, assez peu philosophes, de cette fameuse session, et toujours préoccupés de déverser sur ailleurs que les grands propriétaires fonciers, les charges publiques : mais en l'admettant, on affirme, et on peut affirmer, qu'il a été manqué, ce but, de plus des trois quarts.

Nous livrons ces idées aux hommes spéciaux, et plus capables que nous, sous tous les rapports, de les approfondir et les mettre en œuvre; heureux si notre faible ébauche n'est pas indigne de leur attention! Plus tard, peut-être, leur soumettrons-nous un travail plus détaillé sur cette matière.

NOTE

Sur la page 30, à propos de l'imputation erronée faite aux assemblées populaires.

Il est trop ordinaire, dans tous les temps difficiles, de se méprendre sur la cause première et génératrice des évènements politiques; de ne les voir qu'à travers le prisme, et dans des accidents de faits et de personnes, et de les attribuer exclusivement à des causes secondes, des causes occasionelles, qui elles-mêmes ne sont qu'un simple produit de la cause originelle, éloignée quelquefois, mais incessamment agissante. C'est ainsi qu'on a regardé et qu'on regarde encore le ministère Polignac et ses fatales ordonnances, comme la cause du renversement de la dernière dynastie. C'est une erreur qui ne résiste point à la réflexion. Sans doute, ce ministère insensé a avancé et précipité l'heure de la catastrophe; mais cette catastrophe était déja menaçante à son entrée au pouvoir. Il n'a été qu'un épisode dans ce grand drame commencé en 1814 avec l'invasion, et terminé par l'insurrection le 30 juillet 1830; il ne fut qu'une goutte dans un vase déja comble et tout prêt à déborder. La cause réelle de la troisième et dernière chute des princes Bourbons, c'est leur incurable aveuglement; c'est le défaut d'aucune sympathie entre eux et la nation; c'est l'antipathie invincible, et tous les jours plus marquée, entre la raison publique et leur cour insolente et dévorante. Attribuer la révolution à M. le prince de Polignac et à ses complices, en vérité, c'est par trop les flatter. Certes, l'eussent-ils voulue, aucun d'eux, en particulier, ni tous ensemble, n'étaient de taille à cette gigantesque entreprise. Mais cette révolution était mûre; elle devait éclater, avec eux ou sans eux, à la première occasion; ils en ont été, contre leur vouloir, et avec des projets tout contraires, cette occasion et l'instrument: mais rien de plus. Dans toute autre supposition donnée, leur criminelle et folle tentative n'aurait jamais amené un résultat approchant.

Revenons à notre texte; il peut être bon de l'expliquer encore.

Un gouvernement s'établit, et sur des bases toutes nouvelles. Il fai des fautes, on l'en avertit; il y persévère, et chaque jour vient les aggraver. Cependant ces fautes portent leurs fruits; et ces fruits, médiats ou immédiats, prochains ou éloignés, sont toujours amers, quelquefois même, par le concours de divers accidents, épouvantablement calamiteux, comme, entre autres exemples, à notre première révolution. Bientôt, frappé des effets, on oublie la cause: et le grand nombre, s'arrêtant toujours à l'écorce, accuse des désastres qui affligent le pays, précisément l'opposition aux mesures qui devaient les produire, et fait peser sur ceux-là mêmes qui les prévirent et les prédirent, qui les voulurent détourner, les fautes d'un pouvoir imprévoyant, ou faible et incapable. Dans ces critiques moments, l'homme judicieux et réfléchi, dans le calme des passions, seul, juge sainement des affaires, et sait à quoi s'en tenir sur la véritable origine du mal. Son jugement sera le jugement de l'histoire. Mais, en attendant, on n'en est pas moins sourd à ses protestations, comme autrefois peut-être à ses prévisions, et on va jusqu'à l'inculper avec ceux qui, mieux écoutés, auraient préservé le pays. Les annales des peuples sont là pour justifier cette observation, que nous n'avons pas la prétention de dire nôtre, et que la France, en ce moment encore, fortifie d'un nouvel et tout vivant exemple.

En effet, de grandes erreurs, des erreurs essentiellement fécondes, parcequ'elles furent fondamentales, ont suivi de près la révolution, et arrêté son développement nécessaire: et ces erreurs, par une succession de conséquences faciles à prévoir, ont compliqué et singulièrement accru les difficultés naturelles de notre position. Hé bien! les auteurs et les instigateurs de ces fautes déplorables, triomphent en ce jour des difficultés qu'ils ont fait ou laissé naître. Ils cherchent à les déverser sur les hommes à principes qui les prophétisèrent: ils récriminent avec hauteur, et les accusent hardiment de l'accomplissement de leurs présages, en attendant qu'ils se déchargent tout-à-fait, aux yeux vulgaires, d'une responsabilité énorme sur des successeurs quelconques. Ceux-ci, surchargés du double poids des difficultés ordinaires en révolution, et des difficultés bien plus lourdes créées depuis, comment se sortiront-ils de tant d'embarras? comment surmonteront-ils des obstacles vraiment effrayants? Continueront-ils les erreurs des premiers? Ne peuvent-ils pas tomber dans des fautes contraires? Quel sera l'homme prudent et ferme, et véritablement homme d'état, qui dirigera, de sa main habile, et d'un coup d'œil sûr, le char de la fortune publique dans ces voies périlleuses; qui saura le contenir entre la licence, qu'on provoque de plus d'une façon, et un régime de restrictions et de privilèges auquel beaucoup paraissent enclins; qui rappellera la confiance, et ravivera, à son grand profit, l'esprit public amorti?

Dans l'anxieté, plus que pénible, de cet état de doute et de crainte où nous a mis un gouvernement indécis, alors qu'il devait être déterminé et vigoureux, et une Chambre (nous le disons avec chagrin, mais dans la sincérité de notre pensée) trop opposée au vœu général, trop en arrière du grand mouvement qui l'a surprise, pour le suivre volontiers ou le maîtriser; en même temps qu'elle s'annonce peu disposée à seconder le pouvoir, s'il songeait à renoncer à sa tutèle, et à sortir de l'ornière qu'ils ont creusée de concert; dans ce tourment d'esprit qui nous oppresse, et qui ne prouve que trop combien peu est naturelle notre position, combien est malheureux le système d'hésitation dont s'est épris le gouvernement; sous le poids d'une attente incertaine, de vagues et tristes pressentiments, qui pèse sur la poitrine, et serre les cœurs, n'a peu si épanouis; enfin, au milieu d'un profond abattement, mélangé d'irritation, qu'on voudrait en vain se définir, et d'alarmes vaines, semées en haine de la liberté: l'opinion fascinée s'est disjointe et énervée; l'enthousiasme usé, et sans aliment, s'est éteint dans le vide; et, dans l'inquiétude qui les dévore, plusieurs en sont déja au regret à la liberté, l'inoffensive liberté! qui n'en peut mais, et qui est encore ici la victime innocente des préjugés, des erreurs, et des plus chétives passions. Car la voix de ses calomniateurs, leur voix *puissante* et *tonnante*, et quelquefois tout-à-fait mielleuse, comme celle de l'hypocrisie, a trouvé des dupes et de nombreux échos; elle en a trouvé où certes nous n'aurions jamais imaginé de les chercher.

Chose étrange en effet, incroyable inconséquence des hommes, ou triste révélation peut-être de l'un des secrets de leur cœur, que d'entendre ceux qui, hier, se montraient les plus profondément convaincus, les plus fortement prononcés, les partisans les plus fermes de la liberté; qui ne parlaient que principes, n'invoquaient que les principes; s'en railler aujourd'hui, et, dans leur bouffonne palinodie, ridiculiser platement les qualifications dont ils s'honoraient le plus! Heureusement que des quolibets ne sont pas des raisons. Les principes qui ont triomphé des préjugés féodaux, des anathèmes du sacerdoce, des fureurs de l'anarchie, des prestiges de la gloire, de la duplicité et de l'égoïsme corrupteur du cauteleux jésuitisme; les principes qui viennent de ressusciter plus glorieux et plus puissants qu'on ne les vit à aucune époque; non, ces principes tutélaires que la conscience révèle, que la raison publie, que le cœur caresse et chérit, ils ne succomberont ni à un ridicule émoussé, ni à des frayeurs subreptices et calculées, ni à l'embarras passager d'une très fausse position de notre jeune gouvernement, dont ils doivent au contraire assurer la marche et affermir l'établissement.

Pour nous, qu'on nous plaisante tant qu'on voudra; qu'on nous indique, si l'on veut, du doigt comme *homme à principe*, *rationnel*, *théoricien*, *idéologue*, etc., nous n'en rougirons point: nous serions bien plus près de nous en glorifier. Nous pouvons braver également les sarcasmes et les menaces: il n'y a que les secrètes menées et les pratiques tortueuses qui nous soient à craindre. Non, non, qu'on en dise ce qu'on voudra, nous ne nous renierons point lâchement, nous ne désavouerons point nos opinions, car elles furent toujours réfléchies, et partant sincères, et elles ont racine à-la-fois dans notre raison et dans notre cœur: nous ne reculerons point davantage devant leur mise en action; au contraire, c'est ce que nous ne cesserons de souhaiter et de réclamer: nous y avons foi plus que jamais, foi robuste et entière. Toujours nous croirons, nous, que les principes sont faits pour être appliqués; que ce n'est pas leur application, mais bien leur non-application, ou leur application intempestive et maladroite qui fait naître le désordre. Toujours nous penserons que qui veut franchement la fin doit, à peine d'absurdité, vouloir aussi les moyens; et que des principes sans action et sans vie, sont l'équivalent de rien, parceque les choses, même les meilleures, ne valent que par l'usage. Ce n'est pas tout encore: nous ne tiendrons pour impraticables et absurdes, dans notre état de civilisation, pour subversives et désordonnées, que les théories qui soulèvent la conscience, et dont s'indigne la raison, qui dessèchent l'ame, désolent et flétrissent le cœur. En première ligne de ces théories antisociales, nous placerons l'humiliant et dégradant despotisme, peu nous importe qu'il soit théocratique ou monarchique, oligarchique ou populaire; qu'il triomphe dans l'anarchie, ou constitué par des lois injustes et tyranniques.

Au contraire, tout système de gouvernement qui s'appuiera sur la loi éternelle et seule immuable, la loi naturelle; dont les bases larges et profondes seront l'équité, la vérité, l'égalité et la liberté; le système d'un gouvernement juste et protecteur pour tous, sans faveur pour aucun, mais qui, dans le doute, pencherait vers le pauvre, le faible et le malheureux; d'un gouvernement vigilant et sage, qui donne l'abondance et l'instruction aux peuples, et n'a de préoccupation que la sollicitude de leur bonheur; qui veut et exécute sévèrement toutes les économies possibles, et y procède en grand, en commençant par les sommités; qui ménage et encourage tous les moyens de prospérité publique; d'un gouvernement humain, confiant et fort, béni au dedans, considéré au dehors, et par-tout florissant; imbu de la maxime d'un sage, que *les gouvernants sont faits pour les peuples, et non les peuples pour les gouvernants*, et s'estimant heureux, dans les entraves salutaires de la loi, de pouvoir tout pour le bien, et d'être impuissant au mal; d'un gouvernement, en un mot, qui serait le moins imparfait, puisque la perfection absolue n'est pas de notre nature: ce système-là, à coup sûr, ne fût-il qu'une utopie, aurait toute notre sympathie; et nous donnons davance à celui qui en approchera le plus, notre approbation sans réserve. Puisse-t-il être bientôt celui de notre heureuse patrie, et immortaliser le règne d'un prince l'espoir de la France, et qui veut, comme le meilleur de ses aïeux, être le père des Français!

Nous avons dit notre croyance politique; nous venons de la livrer aux traits caustiques de nos malins adversaires: et malgré le piquant de leur sel attique, malgré les foudres de notre éloquence parlementaire, nous avons la présomption grande de nous croire dans le vrai et le possible, dans le positif même, quand on le voudra bien[1], et dans

[1] Nous avons l'intime persuasion qu'il ne manque à notre prétendue utopie, pour devenir une réalité solide, que d'être sincèrement et habilement pratiquée. Eh! comment la monarchie *démocratique*, la monarchie *des intérêts de tous*, serait-elle plus chimérique que la monarchie *du privilège?* Aux yeux, nous ne dirons pas de la raison, puisqu'on la récuse en politique, mais du sens commun, quelle est la plus naturelle de ces deux espèces de monarchies? Laquelle est la plus juste, la plus simple et la plus facile? Assurément ce n'est pas la dernière, produit incohérent du hasard, des circonstances et des passions, élaboration pénible et lente, et pleine d'iniquité, d'une société encore à demi barbare.

Supposons en effet que le gouvernement anglais n'eût jamais existé, ni rien de semblable: la théorie de ce gouvernement, si on pouvait l'imaginer, ne la regarderiez-vous pas comme le chef-d'œuvre de l'absurdité, comme une élucubration fantastique, l'enfantement monstrueux d'un cerveau malade et fêlé? et cependant elle a eu vie et action; elle a vécu des siècles; elle se soutient debout, et durera peut-être encore, bien que fortement ébranlée et

le gros et précieux *bon sens.* Nous y fûmes convertis par la raison, qui n'est pour nous que le bon sens perfectionné, par le sentiment intérieur, par le jugement et par les leçons de l'histoire. Nous la professons donc de cœur et de conviction : on ne nous la verra apostasier jamais.

chancelante aujourd'hui. Pourquoi donc ne pourrait s'établir et subsister un gouvernement fondé sur des principes aussi équitables et raisonnables que ceux de l'autre vous sembleraient insensés, inapplicables et ridicules?

RÉPARATION.

Nous avons dit quelque part, dans cet écrit, que l'esprit public était *amorti* en France : c'est un mensonge. Cela pouvait être en apparence, quand nous l'écrivions, il y a six semaines; mais qu'il en est bien autrement aujourd'hui! On nous dirait en effet encore à l'époque de juillet. L'imminence de la guerre a, plus que jamais, électrisé les têtes : tous les esprits se sont émus; une indignation soudaine a soulevé toutes les poitrines; toutes les fibres se sont également tendues; un sentiment unique a fait vibrer tous les cœurs. Plus de divergence, plus de nuances dans les opinions : les Français sont unanimes, confondus dans un seul vœu, l'honneur et l'indépendance de la patrie; tous sont emportés par un mouvement spontané, par un identique élan : un même desir les anime, le même feu les dévore. Profondément blessé, l'orgueil national d'un grand peuple, fier et naturellement passionné, s'est changé en fiévre brûlante, qui consume et transporte. Grands et petits, femmes et enfants, tous frissonnent, tous frémissent à l'idée d'une intervention insolente des étrangers chez nous; tous s'indignent, après notre modération, peut-être excessive, des desseins hostiles, des projets liberticides que méditent, sans l'avouer encore, d'imprudents cabinets, mais que démontrent leurs formidables préparatifs; tous voudraient courir aux frontières; tous appellent avec impatience le signal de marcher.

Nous-même, fier de nos épaulettes de laine, sous nos

grisonnants cheveux, avec une santé débile et une vue très infirme, avec des sentiments d'humanité dont nous nous honorons, et qui nous rendent horrible et sacrilége la fureur des combats; oui, nous-même éprouvons et partageons ces transports : car notre cause est juste comme celle de la défense; elle est la cause sainte et sacrée de tous les peuples.

O France! ô ma noble patrie! ô mes généreux et braves concitoyens! que vous êtes grands! que je vous aime et vous admire! Que ne puis-je vous offrir mes tendres enfants, ces enfants qui me sont si chers, qui sont pour moi ô bien plus que la vie! Pourquoi n'ont-ils pas l'âge, ou du moins la force de combattre nos ennemis, les stupides ennemis de la civilisation! Car eux aussi sont Français; et leur sang coulerait pour le pays, à leur joie, et à la joie mortelle d'un père qui ne vit plus qu'en eux et pour eux.

Nous devions à la France et à nous cet éclatant démenti; et nous sommes heureux et glorieux de nous le donner si vite.

LA LIBERTÉ,

CHANT PATRIOTIQUE

SUR LES ÉVÉNEMENTS DE JUILLET 1830.

AIR *de la Marseillaise.*

Quel astre heureux luit sur le monde,
L'échauffe de feux bienfaisants,
Pénètre par-tout, et féconde
Les terrains les plus impuissants?
Il monte, il brille sur la France,
Il l'inonde de sa clarté:
Cet astre, c'est la Liberté.
Français, saluons sa présence.
Liberté! Liberté! concorde! douce paix!
Venez, régnez sur nous; régnez-y pour jamais!

Soudain, l'insolent despotisme,
Vaincu par cent mille héros,
S'enfuit avec le fanatisme,
Et ses chaînes, et ses bourreaux.
Plus vif alors se montre en France
L'astre éblouissant de clarté:
Cet astre, c'est la Liberté.
Français, saluons sa présence.
Liberté, etc.

La patrie enfin délivrée
D'un joug hypocrite, oppresseur,
Arbore l'enseigne sacrée
De la victoire et de l'honneur.
L'astre chéri qui brille en France
L'illumine de sa clarté:
Cet astre, c'est la Liberté.
Français, saluons sa présence.
Liberté, etc.

Esclaves de leurs vils esclaves,
Ils voulaient, nos tyrans jaloux,
Sous le poids d'ignobles entraves,
Étouffer et nos droits et nous;
Quand un astre se lève en France,
Nous protége de sa clarté:
Cet astre, c'est la Liberté.
Français, saluons sa présence.
Liberté, etc.

Hommage à toi ville immortelle
Qui foudroyas ces attentats!
Que la gloire soit éternelle
De tes fiers citoyens-soldats!
Ils auront fixé sur la France
L'astre des tyrans redouté:
Cet astre, c'est la Liberté.
Français, saluons sa présence.
Liberté, etc.

De lauriers, de pieuses larmes,
Couvrons les restes précieux

Des martyrs que le sort des armes
Choisit en ces jours glorieux.
L'astre éclatant qui brille en France
Leur ouvre l'immortalité:
Cet astre, c'est la Liberté.
Français, saluons sa présence.
Liberté, etc.

Jurons tous, jurons par leurs mânes,
De toujours marcher sur leurs pas;
De veiller contre les profanes
Au fruit de leur noble trépas.
L'astre protecteur de la France
Nous prodiguera sa clarté:
Cet astre, c'est la Liberté.
Français, saluons sa présence.
Liberté, etc.

Ces biens, cette mâle conquête,
Qu'arrosa leur sang généreux,
Défendons-les, sur notre tête:
Sachons vaincre ou mourir comme eux.
Que l'astre levé sur la France
Nous verse à jamais sa clarté:
Cet astre, c'est la Liberté.
Français, saluons sa présence.
Liberté! Liberté! concorde! douce paix!
Venez, régnez sur nous, régnez-y pour jamais!

FIN.

ERRATUM.

Page 15, *ligne* 24, *après ces mots :* elle a été, et rien de plus, une mesure d'exception, *ajoutez :* Or, est-ce bien le procédé des hommes d'État?

www.ingramcontent.com/pod-product-compliance
Ingram Content Group UK Ltd.
Pitfield, Milton Keynes, MK11 3LW, UK
UKHW020332250726
13967UKWH00005B/1985